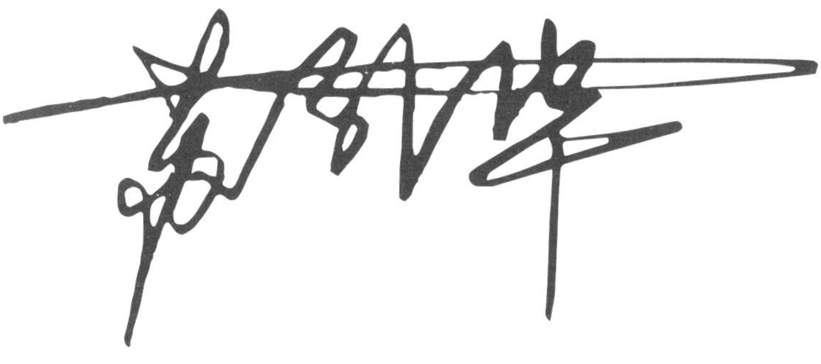

管与理

管理不到位，老板两行泪

苏引华 著

SPM 南方传媒 | 广东经济出版社
·广州·

图书在版编目（CIP）数据

管与理 / 苏引华著. —广州：广东经济出版社,2022.4（2022.12重印）
ISBN 978-7-5454-8321-5

Ⅰ. ①管… Ⅱ. ①苏… Ⅲ. ①企业管理—研究 Ⅳ. ①F272

中国版本图书馆CIP数据核字（2022）第057650号

责任编辑：毛一飞
责任技编：陆俊帆
封面设计：博墉传媒

管与理
GUAN YU LI

出版人	李　鹏
出版发行	广东经济出版社（广州市环市东路水荫路11号11～12楼）
经　销	全国新华书店
印　刷	北京市兆成印刷有限责任公司（北京市通州区宋庄镇任庄村东）
开　本	787毫米×1092毫米　1/16
印　张	14.5
字　数	173千字
版　次	2022年4月第1版
印　次	2022年12月第3次
书　号	ISBN 978-7-5454-8321-5
定　价	198.00元

图书营销中心地址：广州市环市东路水荫路11号11楼
电话：（020）87393830　邮政编码：510075
如发现印装质量问题，影响阅读，请与本社联系
广东经济出版社常年法律顾问：胡志海律师

序
没有管理的管理，才是最好的管理

业绩暴涨、身心解放是每一位老板在企业经营过程中一直追求的目标，然而很多人并不知道达成这个目标必须具备的条件是什么。

十多年来，我一直从事企业经营管理培训，见过太多的中小企业老板，其中大部分老板只在乎“模式”和“营销”，鲜少考虑“经营”和“系统”，对“管理”多是一知半解，所以我才决定写一本关于“管理”的书。

《管与理》主要讲的是“分工”。

为何分工？如何分工？如何根据分工选择合适的人？如何理顺流程快速达成目标？

只有把企业的各项分工明确了，才能根据分工找到合适的人，对流程和节点进行有效把握，更高效地实现目标。

第一代管理学说认为：管理是管人理事。只要把人管好了，事情就简单了。

第二代管理学说认为：管理是管事理人。人是无法管理的，管理是对事而不是人。

而我经过研究发现，两代管理学说之所以大相径庭，是因为第一代管理学说是基于“行政职能部门的行政管理”而言，目标是把人理顺；而第二代管理学说则是基于“企业的工商管理”而言，目标是把事理顺。管理的侧重点不同，所以立场不同，我觉得无所谓对错，毕竟行政管理和企业管理是有本质区别的。

如果把企业管理的方法用在行政管理上，肯定是行不通的，因为行政管理的目标是和谐稳定，是以人际关系为基础的情、理、法，管理能力主要体现在领导力上。当然，把行政管理的方法用在企业管理中，也是不可行的，因为企业管理是以盈利为导向，以提升效率和效益为基础的法、理、情，管理能力主要体现在业务流程的优化上。

我认为管理是基于事而非人，核心是管理节点、理顺流程。

换句话来说，“管理”是在“经营”的基础上，进行业务节点的有效把握，确保每一个环节都能顺利进行，从而获得最好的投资回报率。企业从小做到大，员工人数会随之增加，此时的员工是为业务价值链和管理价值链服务，这种状态下企业对人的管理不等同于真正的“管理”，而是一种“领导”。

中小企业的“管理”应该把人和事分开。人只能被“领导”，不能被“管理”。

希望通过本书，可以给大家分享我十几年来从事企业管理培训过程中的心得感悟，为那些身处迷茫中的中小企业老板指引方向，让企业破茧重生。

苏引华

2021年12月25日

目　录

CONTENTS

第一章　管理要轻松，必须懂分工

结构决定性质，框架决定大小！老板的思维框架决定企业规模，组织架构决定分工和岗位职责。公司要发展，必须设计好完整的组织架构，才能让员工更好地分工协作，人尽其才，物尽其用！

第二章　分工分到位，事半又功倍

企业发展到一定规模，很可能会人浮于事、效率低下，此时就需要进行改革。改革的第一步就是组织架构的重构，否则会职责不明、分工不清。只有清晰地规划出组织架构，才能找到和岗位适配的人才，把合适的人放在合适的位置上。

第三章　人才没选对，努力全白费

很多老板不会管理员工，想尽办法四处学习。其实管理的前提是选对人，而不是改变人。企业最害怕的就是选错人，人才没选对，努力全白费。

第四章 管理不到位，老板两行泪

企业发展的背后需要人才的推动，业务拓展的背后需要人才的支撑。没有一套行之有效的人才管理系统，企业就无法做强做大。

第一章

管理要轻松，必须懂分工

结构决定性质，框架决定大小！老板的思维框架决定企业规模，组织架构决定分工和岗位职责。公司要发展，必须设计好完整的组织架构，才能让员工更好地分工协作，人尽其才，物尽其用！

第一节

管理的首要任务是构建框架，明确责、权、利

企业要想让团队成员高效协作，必须制定好组织架构。明确架构才能有效分工，有效分工才能高效协作，高效协作才能“1+1+1>3”，最终提升组织的整体效能。

请问：人和老虎相比，谁的力气更大？

答案显而易见，肯定是老虎更胜一筹。但为什么力气不敌老虎的人，却能抓到老虎并将其驯服呢？原因是人类知道协作，而分工的目的就是为了更好地协作。

企业要想让团队成员高效协作，必须制定好组织架构。明确架构才能有效分工，有效分工才能高效协作，高效协作才能“1+1+1>3”，最终提升组织的整体效能。

很多企业老板在管理企业的过程中，通常有三大困惑：

（1）总感觉企业缺人，但又不知道到底缺什么样的人；

（2）招揽到了人才，但又不知道什么岗位和职务最适合他；

（3）员工经常越位、错位、缺位、补位，搞不清到底谁管谁，谁又被谁管。

如果这三大困惑不解决，企业很难有序经营，老板就成了“救火队长”。

希望大家能认真看接下来的内容，我将通过案例解析为你指点迷津。

2008年，我和一位生产汽车坐垫的朋友聊天，一见面，他就开始向我诉苦。

他说：“兄弟呀，你看我的公司，每年的销售额都在1800万元上下徘徊，怎么都突破不了。我想着可能是员工数量不够，就招了不少新员工，可招来的人总是干不了几个月就离职了，最后留在公司的还是那二十几个人，我现在都不知道怎么办了。”

看他一脸郁闷的样子，我就想着帮他一把，我说：“没事，你先把你公司的组织架构图画给我，我帮你想想办法。”

让我没想到的是，我这位兄弟竟然问我什么是组织架构图。后来经过我的一番讲解，他终于画出了他公司成立几年来的第一张组织架构图。（图1）

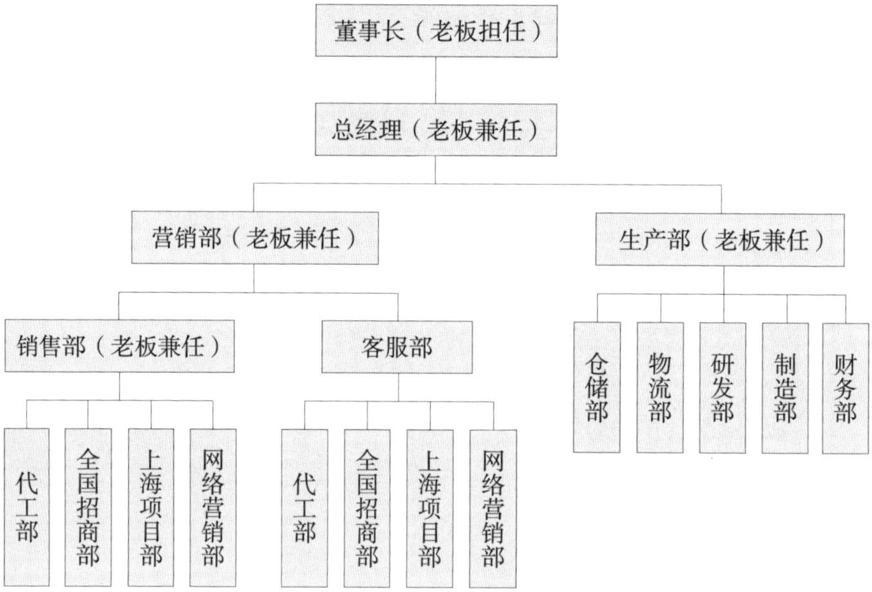

图1 汽车坐垫公司组织架构

各位老板，仔细看一下这张组织架构图，大家觉得有什么问题吗？

没有发现问题的老板就要特别注意了，可能你的公司也犯了同样致命的错误。这个组织架构图的问题在于老板“一肩挑”，董事长、总经理、营销总监、销售经理……这些关键岗位全部由老板负责。其实这种现象在中小企业当中很常见，老板是全能手，通常在企业里只做一件事，那就是所有的事。

企业规模小的时候，老板身兼数职是非常正常的，但一个人的时间和精力毕竟有限，很难做到面面俱到。一旦企业发展壮大，需要处理的事务成几何倍数增长时，老板就会分身乏术，只能处理最紧急的事项，最终把自己变成了救火队长。这就是为什么越是大企业，越需要聘请专业人士来管理的根本原因。

招聘专业人才，必须先制定人才标准，所以岗位职责一定要足够

清晰，而岗位职责又是由组织架构决定的，所以构建一个完整的组织架构至关重要。

假设没有组织架构，老板就不知道公司需要哪方面的人才，也就说不清对应岗位的薪酬标准和考核指标，其结果肯定是工作混乱、效率低下。

我们接着分析这家汽车坐垫公司。这家公司开设了一家淘宝店，配备了三位运营人员，固定工资，无业绩提成，每月的考核指标是18万元销售额。

运营人员A：老员工，最早入职，工资5000元/月；

运营人员B：老员工，比A入职晚，工资3000元/月；

运营人员C：新员工，最晚入职，工资1500元/月。

由于薪酬固定，对于运营人员来说产品少卖工资不会少，产品多卖工资也不会加，导致员工动力不足，销售业绩长期没有起色，于是我重新梳理了这家公司网络营销部的组织架构。（图2）

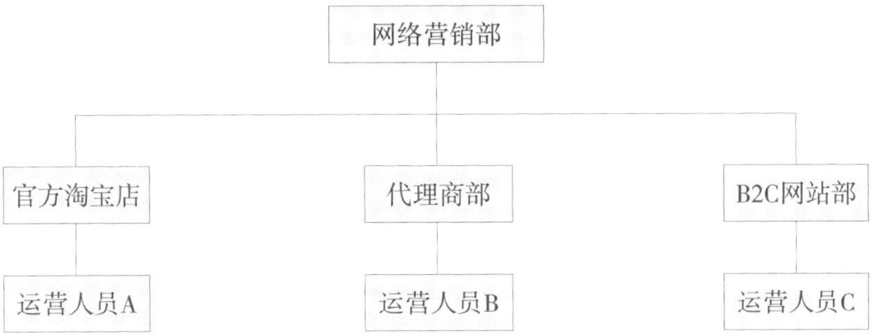

图2　网络营销部组织架构

在分工方面，运营人员A负责运营本公司的官方淘宝店；运营人员B负责开发代理商及代发货；运营人员C负责B2C网站的供货。

在薪酬方面，三位运营人员的底薪全部变为1500元/月，根据产品类型，每卖出一件，奖励提成5~10元。

两个月后，我进行了回访，我的朋友告诉我："改革前，员工5点30分准时下班，让他们加班绝对不可能。改革后，我都不需要盯着，深夜12点他们还在和客户沟通，努力卖货呢！现在仅一个官方淘宝店，每个月的销售额就有36万元，比以前3个人加起来卖得都多，这是我以前想都不敢想的。"

这就是通过"明确分工"实现"业绩倍增"的典型案例。原来3个运营人员负责一个官方淘宝店，责、权、利划分不明确，根本激发不了员工的主观能动性。通过重新划定分工，确定了3个人的责任和权力，再加上利益的合理分配，业绩自然就提升了。

企业需要构建清晰的组织架构，明确岗位职责、权力和薪酬标准。换句话说，企业要明确员工在相应岗位上的责、权、利。

接下来，我们继续来分析这家汽车坐垫公司其他业务渠道销售额无法提升的原因。希望大家能举一反三，找到阻碍公司业绩增长的根源，从而实现企业业绩暴涨、老板身心解放。

这家汽车坐垫公司业务遍布全中国，其中上海地区的销售额最高。上海市场部的业绩能达到15万元/月，市场占有率为30%。根据这些信息，我就问老板："如果员工全力以赴，上海市场的占有率最高可以做到多少？"他说："绝对可以做到90%。"

我们来算笔账，市场占有率为30%，对应的营业额是15万元/月，如果市场占有率提升到90%，营业额是不是就可以翻三倍，做到45万元/月？这其中的差值有30万元。但为什么这30万元汽车坐垫公司没有赚到？问题就出在上海市场部的内部分工上。

上海市场部有两位同级别的负责人，他们都负责该公司在上海市的销售，但没有在地域上进一步划分他们各自负责的范围。另外，这两位负责人又同时兼任仓储经理、物流经理和招商部经理。

其实这是中小企业的通病——员工身兼数职。一个人的时间是有限的，如果负责人想管好仓储，就没有时间开拓市场，如果用心去开拓市场，就没有时间安排好物流。表面上公司节省了人力成本，一人多用，实际上却是对资源的极大浪费。

浪费是在哪里产生的？让我们来好好分析一下。上海市场部的两位负责人都是销售高手，作为销售人员，他们是为公司赚钱的人，如果能一心扑在开拓市场上，就能帮助公司在短时间内快速提升业绩。然而，这两位负责人又兼任了仓储经理和物流经理的职务，作为后勤保障人员，他们是为公司花钱的人，即使所有时间都花在优化流程上，为公司创造的价值依然有限。就是因为附加工作减少了两位负责人的销售时间，所以公司的市场占有率才做不上去。

既然这笔生意如此不划算，为什么老板还是让员工身兼数职呢？原因很简单，因为老板不懂得基本的管理知识，不会算账，自认为节省了人力成本，结果却是捡了芝麻，丢了西瓜，最后亏的还是自己。

钱不是“省”出来的，而是“赚”出来的。

各位老板，请问月薪1万元，你能否招到一位优秀的仓储管理员？月薪1万元，你能否招到一位优秀的物流配送员？当然可以。也就是说，这家汽车坐垫公司每月虽然节省了2万元的工资，却也流失掉了30万元的销售额。

其实企业的业绩是可以计算出来的，我们还是用该案例来进行分析。

假设上海市场部的销售额能做到45万元/月，公司在其他省市再另设9个市场部，这样全国的销售额就可以做到450万元/月。一年12个月，全年销售额就能达到5400万元。2008年，汽车坐垫公司全年销售额1800万元，差的3600万元为什么没有赚到？

答案是，没有人。

其实我的这位朋友已经发现了问题所在，希望通过不断地招人来改变现状，可是根本留不住人，团队规模还是维持在20人上下，问题出在哪儿了？

答案是，他不懂得打造团队。

如何才能让企业的人多起来？核心关键在于组建团队，搭建好组织架构。没有组织架构，哪里需要用人，需要用什么样的人，谁都不知道。

实现企业业绩倍增的正确做法如下：

首先聘请一位专业的招商总监，负责全国市场的招商。中国市场太过庞大，只靠一个人、一个团队无法全面覆盖，所以需要对区域进行划分，可分为东北区、华北区、西北区、西南区、华中区、华南区、华东区。分区后，每个区必须配备一位区域招商总监。（图3）

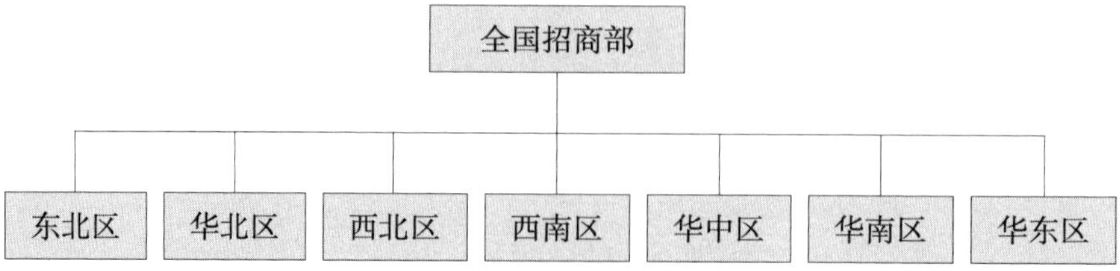

图3　全国招商部组织架构

划分好大区后，还可进一步细分。以东北区为例，可分为黑龙江省、吉林省和辽宁省。按照同样的模式，每个省必须配备一位省级招商经理。（图4）

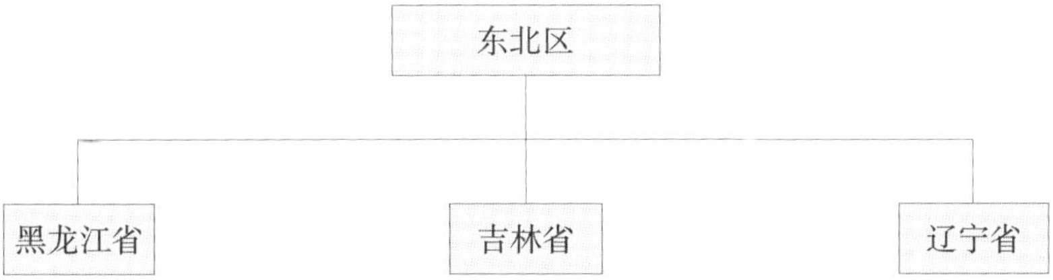

图4 东北区组织架构

到了省级区域，区域面积还是很大，可以根据实际情况划分为地级市，或县、区。以辽宁省为例，可分为沈阳市、大连市、鞍山市、抚顺市、本溪市、丹东市、锦州市、营口市、阜新市、辽阳市、盘锦市、铁岭市、朝阳市和葫芦岛市。按照同样的模式，每个地级市都需要设立一个办事处，配备一位相应的负责人。（图5）

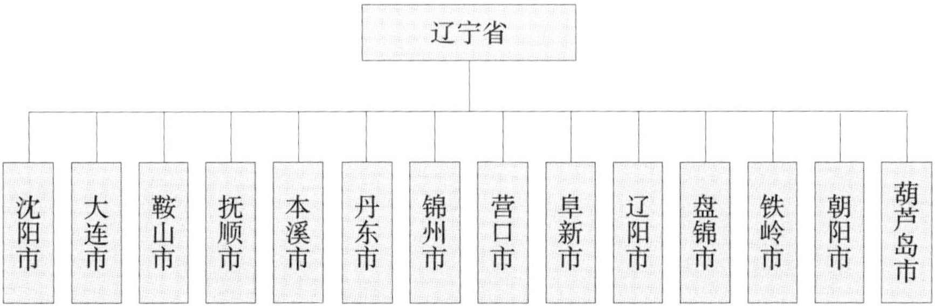

图5 辽宁省组织架构

如果按照目前的组织架构，中国内地所有的地级市都设立办事处并配备一位负责人的话，那么这家公司就有300多个岗位需求了。（图6）

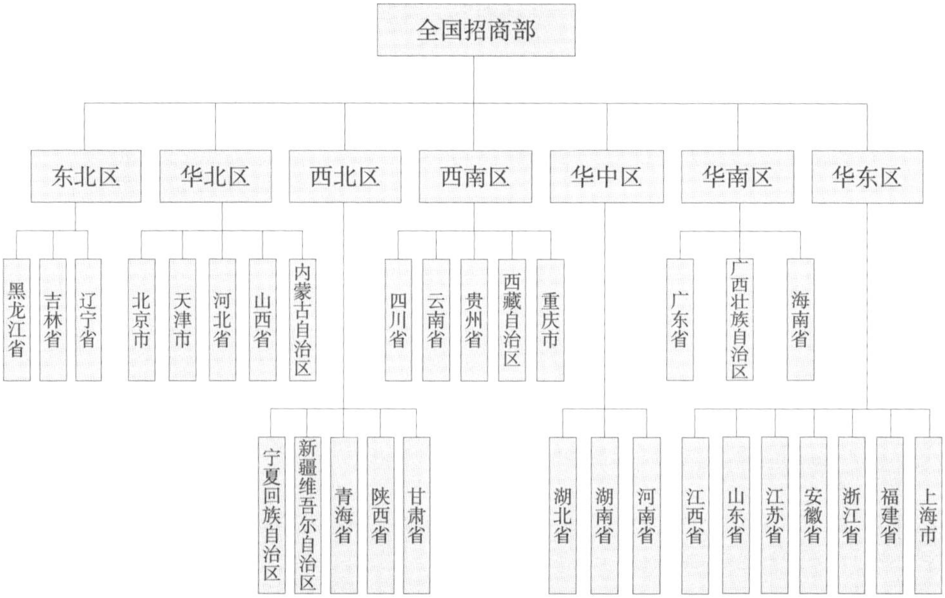

图6　全国招商部组织架构

如果没有这样一个组织架构，就算现在有300位人才等着入职，公司也无法发挥他们真正的价值。这也就是为什么这家汽车坐垫公司频繁招人，却又留不住人的原因。

企业的组织架构就像人体的骨骼，是不可或缺的基础结构，企业的职能部门就像人体的五脏六腑，少了任何一个，都会影响到整体的健康。企业只有构建好完善的组织架构，明确各部门的责任、权力和利益，才能让各部门更好地分工协作，让公司做大做强。

很多老板之所以忙碌就是因为自己太能干，把手下人的活儿都干完了，导致下属无事可干。究其根本，老板忙得焦头烂额还是由于企业没有定好组织架构，不知道如何有效分工，最终导致老板的错位和越位。

第二节
管理的前提是明确分工，确定谁管谁，谁被谁管

老板想要身心解放，必须归位。老板可以补位，但绝不能错位和越位。

错位是干了下属该干的事；越位是越级管理下级；补位是临时填补空缺，但要尽快招人替换；归位是做应该做的事，思考该思考的事，不管不该管的事，不问不该问的事。

经营好的企业和经营一般的企业有什么区别？

经营好的企业：业务员做经理的事，经理做总监的事，总监做总经理的事，总经理做老板的事，老板无事可做，于是老板就做社会上的事，参加慈善活动、发表演讲、外出学习。

经营一般的企业：老板做总经理的事，总经理做总监的事，总监做经理的事，经理做业务员的事，结果业务员无事可做，天天聚在一起说老板的坏话、上司的坏话、公司的坏话。

请问你的公司属于哪一种？

接下来，我们来分析一家医美公司的组织架构，看看这家企业到底出了什么问题。（图7）

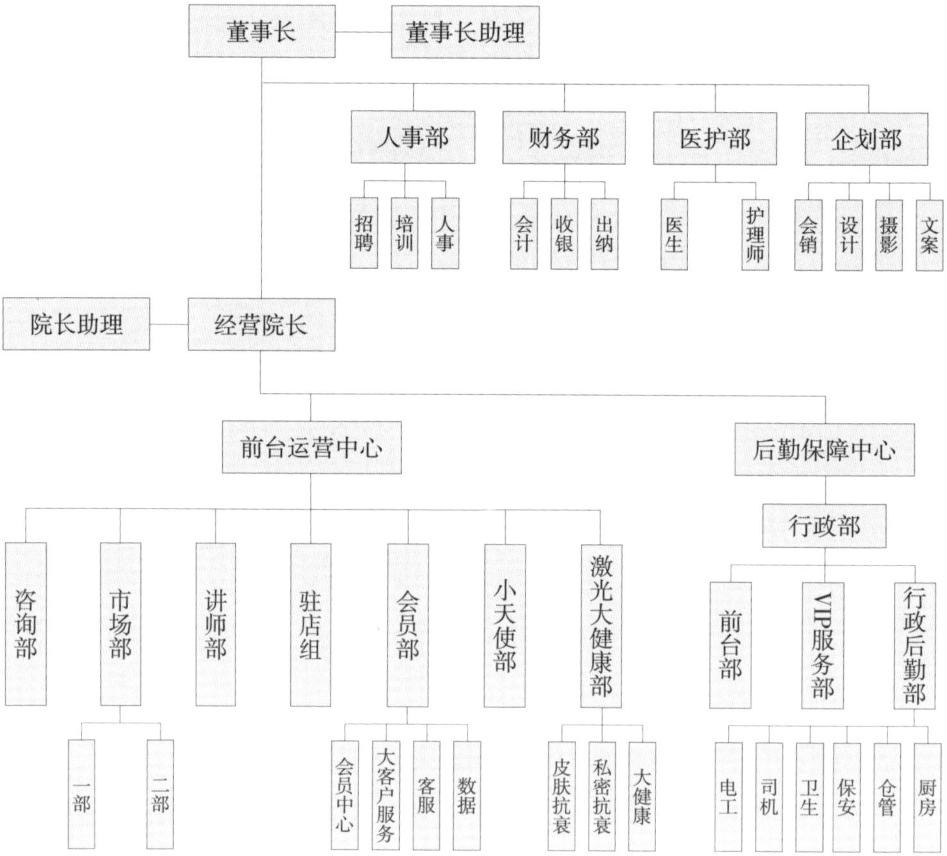

图7　医美公司组织架构

管理的前提是明确分工，确定谁管谁，谁被谁管。

大多数公司管理混乱的原因是框架不明，职责不清！

在企业经营管理中，老板的职责是定好公司的战略方向，管好人和钱。简单来说，就是找人、找钱、找方向。

老板如果想要身心解放，必须归位。老板可以补位，但绝对不能错位和越位。

错位是干了下属该干的事；

越位是越级管理下级；

补位是临时填补空缺，但要尽快招人替换；

归位是做应该做的事，思考该思考的事，不管不该管的事，不问不该问的事。

每个管理者只需管好自己的直接下级，并对直接上级负责即可，对越级指挥必须坚决说不。很多老板习惯越级指挥，最终导致的结果是下级管理的岗位形同虚设。长此以往，不仅会让下属没有成就感，下级的下级也不会把他的直属领导当回事，这样自然越干越累！

在企业中，正确的分工应该是这样的：

董事长负责战略，总经理负责执行，营销总监负责增收，产品总监负责产品研发，财务总监负责结算，人事总监负责奖罚，行政总监负责保障。

这家医美公司的董事长就是典型的老板太能干，把本应属于其他人的工作自己都干了，导致员工无事可干。我们来看看，这位董事长分管了哪些部门：经营院长、人事部、财务部、医护部和企划部。

除了老板过于能干以外，这家公司还有很多分工不清的地方。比如，后勤保障中心分管的行政部，应该同时承担人事部的职能，但这家公司却让行政部负责了本该营销中心承担的客户服务工作。

另外，经营院长的本职工作应该是管理好营销中心、产品中心和行政中心，但从这家医美公司的组织架构图上，我们可以看到经营院长没有负责全部的营销工作，而是进行了拆分。

更不合理的是，董事长和经营院长分别配备了助理，助理这个岗位在公司中没有明确的责任划分，权力却很大。从架构上看，董事长助理的职务比经营院长还要高，权力自然比经营院长还要大，但董事长助理又不需要对企业的经营结果负责。

所以这家公司的组织架构可以用一句话总结：**该管的不管，不该管的乱管！**

我们以明确分工为原则，重新梳理了这家医美公司的组织架构。（图8）

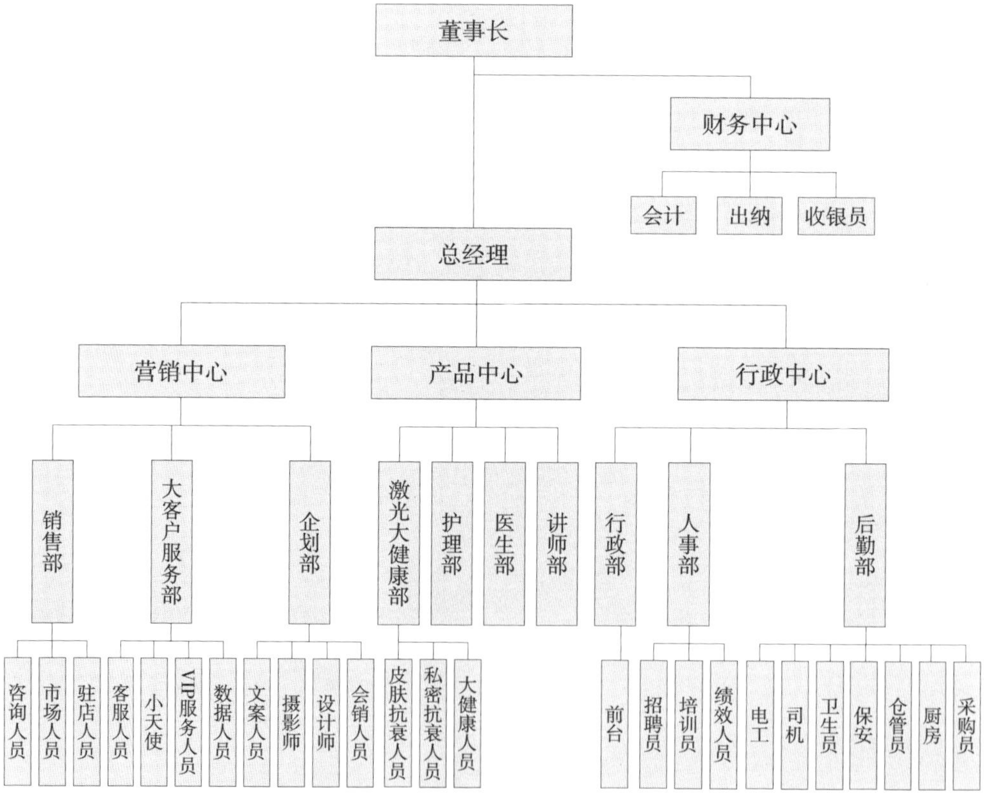

图8　优化后的医美公司组织架构

管理的目的是让公司的业务活动有序运行，也就是要确保业务价值链的流程顺畅，对业务流程的所有节点进行组织和管控，确保每一个环节都能有效运行，从而得到最好的投资回报率。为了提升效率，我们设置了不同的部门和岗位，目的是分工和协作。

很多人之所以管理不好公司，主要原因是没有一个基本的组织架构，也没有业务流程，不知道横向分工——部门和岗位的设计，也不知道纵向分工——层级的设计，因此没有办法对人员进行有效分工。

横向分工是基于企业的“业务价值链”，显示各部门、各岗位职能间的横向协调关系，即平行职级间的关系，体现的是企业内部的工作流程。（图9）

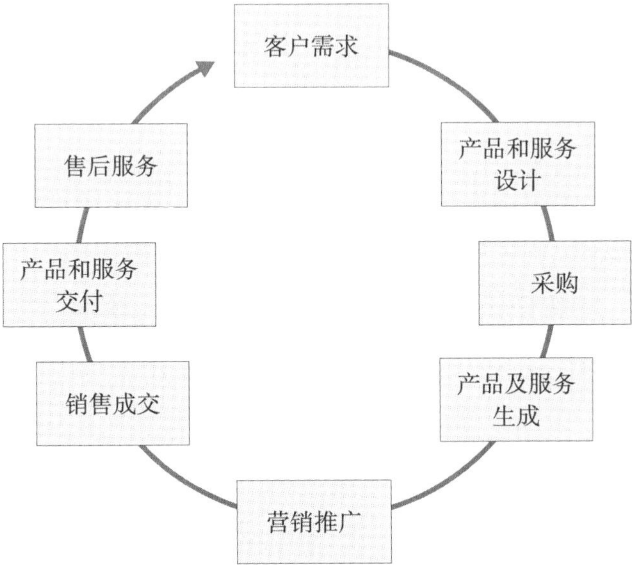

图9 业务价值链

如果企业没有办法理清企业的“业务价值链”，就不知道如何设定企业的部门和岗位，不知道该招聘什么人，自然也就不知道如何设定薪酬标准，无法明确责、权、利，这是很多企业无法做大的根本原因。

基于“业务价值链”，我们把相同的业务放在同一部门中，找到一位既熟悉业务，又能调动大家积极性，同时可以确保业务顺畅运行的管理者。

根据以上要求，公司内部会产生四个中心，来支撑一家公司的有效运行。

（1）财：战略中心；

（2）人：行政中心；

（3）产：产品中心；

（4）销：营销中心。

正所谓麻雀虽小，五脏俱全。现在很多公司的部门设置是不完善的，有些销售型的公司只有营销中心，有些制造业的公司只有生产中心，有些小公司甚至连财务部都没有。企业内部缺胳膊短腿，怎么能发展得好？

说完横向分工，我们再来谈谈纵向分工。**纵向分工是基于企业中的“职级”，体现权属关系，明确谁管谁，谁被谁管，谁向谁汇报工作，谁对谁负责。**

如果没有明确的上下级关系，工作中就会出现多头领导、各自为政、谁也不服谁的情况，导致人浮于事，相互推卸责任。

明确纵向分工还有一大好处，就是可以指引员工做出正确的职业生涯规划，让每个人都清楚地知道未来的发展方向。如果企业没有设计好员工的职业生涯规划，没有晋升机制，不仅吸引不到人，而且无法留住人，更不知道如何培养人，最终导致优秀人才的频繁流失。

第三节

管理的本质是管理利益，管理的核心是分配利益

企业管理中，业务问题背后是管理问题，管理问题背后是文化问题，文化问题背后是价值观问题，价值观背后是奖惩问题，奖惩背后是考核问题，考核背后是机制问题，机制背后是利益问题！

如果把企业比作人的身体，那么老板是头，各部门是五脏六腑，中层管理者是腰，基层管理者是腿，员工是脚。企业要想做强做大，必须实现从战略到执行的强大。执行力强就要依靠腰部（中层管理者）和腿部（基层管理者）的强大力量。

强化企业“腰部”和“腿部”的力量前，老板必须先构建完整的组织架构，这样才能上下同心，打造利益共同体，提升效率，防止内耗。

我们通过一个案例来解析，如何通过纵向分工，让各部门从竞争关系变成一个利益共同体。

我有一位学员，在福建南平做橱柜生意，开了几家专卖店，招了一些服务员，坐等客户上门。每位服务员的底薪为3000元/月，提成2%。（图10）

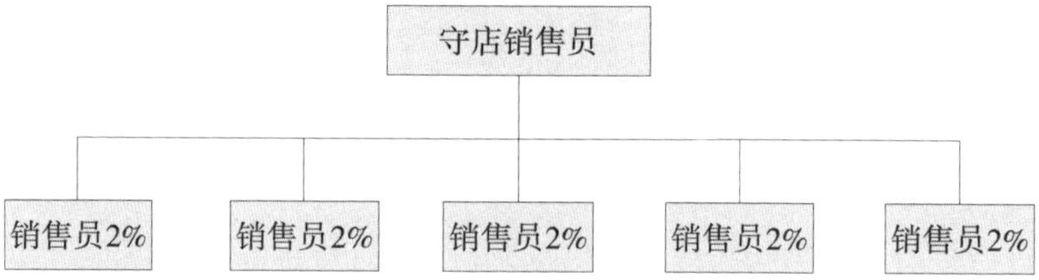

图10　守店销售员的提成比例

在学习完“商业思维”课程后，这位老板认为坐等业务上门不是办法，要主动出击，所以就另外组建了一支销售团队。这支销售团队的主要工作就是扫楼，把公司的宣传单派发到各大小区、各大楼盘，吸引新客户到店购买。根据他们的工作性质，每位销售员的底薪1500元/月，提成7%。（图11）

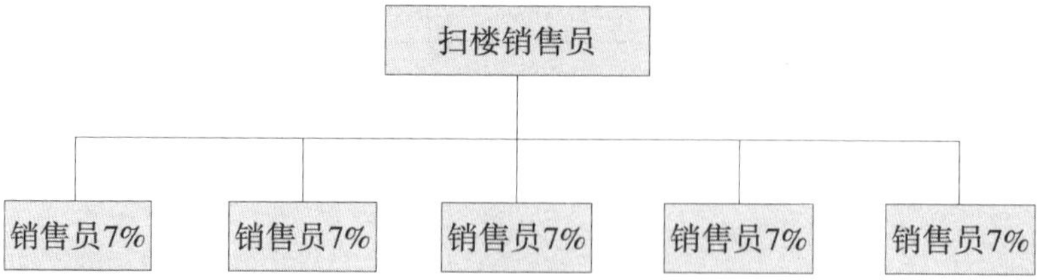

图11　扫楼销售员的提成比例

通过老板的这一番操作，会出现什么问题？同样是卖橱柜，扫楼的销售员提成7%，守店的销售员提成2%，守店的销售员肯定心理不平衡，两拨人之间一定会发生竞争和内耗，我们可以模拟一下场景。

场景一：扫楼销售员A在某小区中派发传单，工作期间邀请一位新客户到店体验，一旦成交，扫楼销售员A将拿到7%的提成。但新客户到店后，负责接待的是守店销售员B。虽然他的本职工作就是接待新客户，但此单业绩却和他无关，所以守店销售员B对待新客户敷衍了事，结果就是守店销售员B把扫楼销售员A的新客户给“赶跑”了。

场景二：扫楼销售员A在某小区中派发传单，新客户在看到传单后颇感兴趣，拿着传单到店体验。按照公司规定，客户拿着谁派发的传单，成交后提成就归谁。为了能拿到提成，守店销售员B会通过各种手段将客户“据为己有”，抢占了本该属于扫楼销售员A的利益，打击了扫楼销售员的积极性。

大家深入思考一下，为什么会发生以上两种情况？

问题在于扫楼的销售员A和守店的销售员B没有形成利益捆绑关系，而是形成了相互竞争关系，所以无形中加大了企业的内耗。

要想破局，最好的方法就是重新设计一个组织架构，把守店的销售员和扫楼的销售员进行利益捆绑，让两个团队明确分工、相互协作。

组织架构调整后，把守店销售员变成经理，扫楼销售员变成业务员。业务员负责四处发放传单，邀请新客户到店体验，之后由守店经理进行销售。成交后守店经理拿到2%的团队奖，业务员拿到7%的个人提成。通过这样的利益捆绑，大家会齐心合力成交新客户，从而提升公司的整体业绩。（图12）

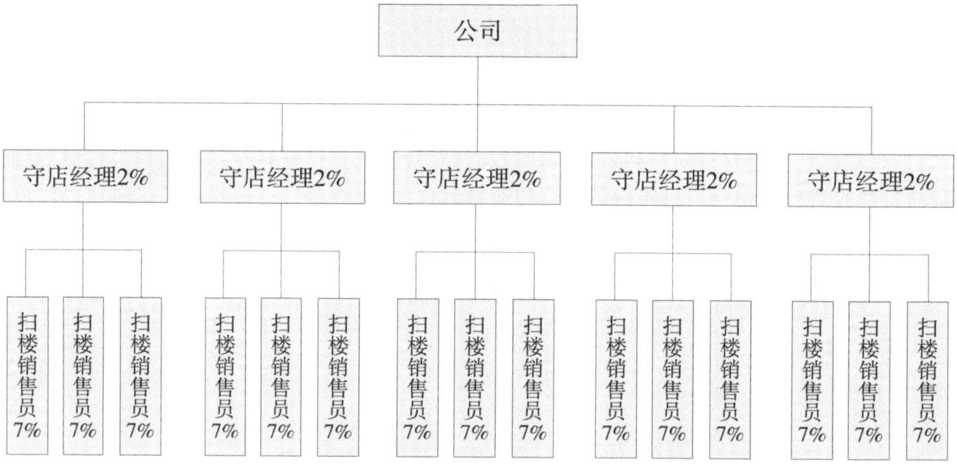

图12　调整后的橱柜公司组织架构和提成比例

组织架构调整前，老板需要给出的提成比例最高为7%。组织架构调整后，老板需要给出的提成变为了9%。有些老板可能舍不得这2%，但我想告诉大家的是，老板不要只专注于花出去的钱，更要算清楚花钱的同时赚了多少钱。还是那句话，钱是赚出来的，不是省出来的。

当然，如果有些老板实在不愿意多出这2%的提成，就需要拥有强大的说服力，看看能否说服负责扫楼的业务员，让他们从自己的销售提成中主动拿出一部分交给守店经理，从而达成两个部门在业务流程上的良好协作关系。

这样一番操作，老板给出的提成虽然还是7%，但团队的凝聚力会大大提升，协作能力也会加强，公司的整体业绩也会越来越好。

为什么很多时候老板都因为担心员工离职而把自己搞得心力交瘁？那是因为公司在搭建组织架构前，老板和员工的关系过于直接。（图13）

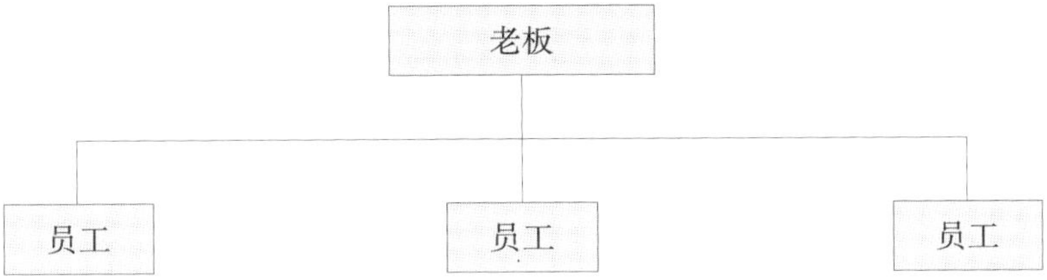

图13 调整前公司的组织架构

这意味着，如果员工跑了，就没有人为老板干活儿了，老板自然损失很大。为了留住员工，老板的常规操作就是加薪，可加薪也有封顶的时候，如果一段时间后员工又要离职，老板还要不要继续加薪？如果不加，就只能看着员工离开。所以老板必须改变和员工之间的直接关系，比如增加一位经理。（图14）

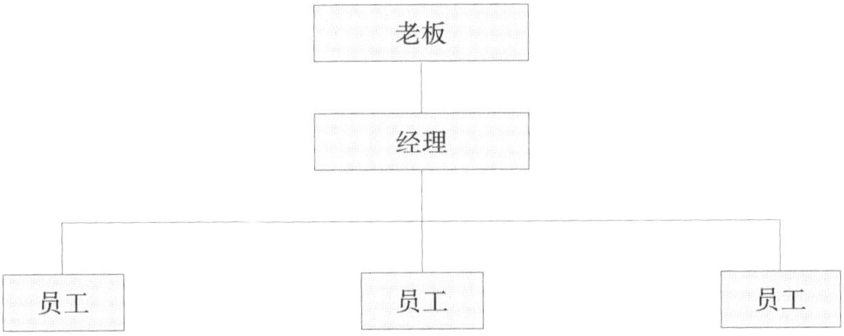

图14 增加“经理”职级后公司的组织架构

这时，如果员工要离职，损失最大的就不再是老板，而是经理了。因为随着团队人数的减少，经理拿到的业绩提成也会减少，在这种情况下，经理会比老板更积极地留住员工。而经理挽留员工的方式可能就会变为情感攻势，一起吃饭、喝酒、谈心……也许这些方式比老板的加薪更有成效。那如果在组织架构中再增加一位总监，情况又

会有何变化呢？（图15）

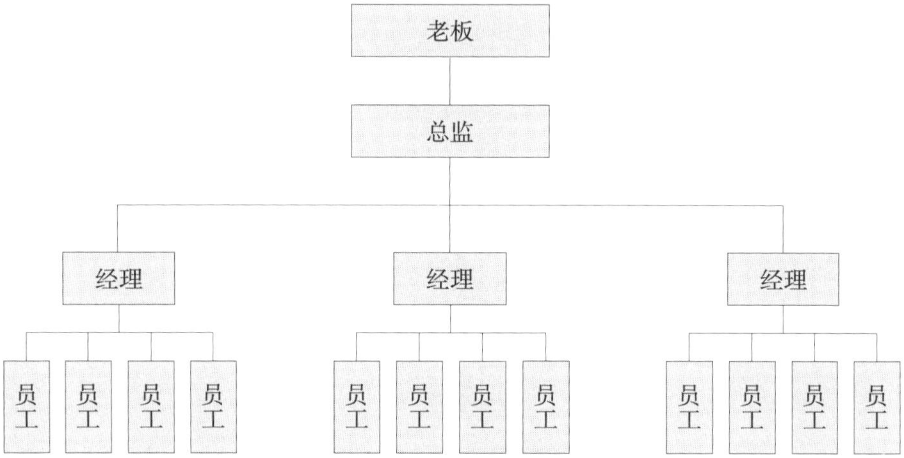

图15　增加“总监”职级后公司组织架构

这样公司中又多了一人帮老板分忧，老板需要关注和处理的事情自然就会减少。当一家公司拥有数位总监、数位经理时，每个管理者都会想办法管好自己的下属，这时候团队就会非常稳固。

在企业管理中，业务问题背后是管理问题，管理问题背后是文化问题，文化问题背后是价值观问题，价值观问题背后是奖惩问题，奖惩问题背后是考核问题，考核问题背后是机制问题，机制问题背后是利益问题！

管理是建立在利益之上的，如果没有把钱分配好，是不可能有人愿意一直追随你的。有些老板愿意分钱，但不懂得如何分。结果钱分得不少，业绩却依然无法突破。

愿不愿分，是胸怀问题；会不会分，是技术问题。

其实分钱的前提是分工，如果分工分不好，钱肯定也分不好。

我有一位学员是房地产中介，他设计的利益分配方式简单粗暴，老板50%，业务员50%。（图16）

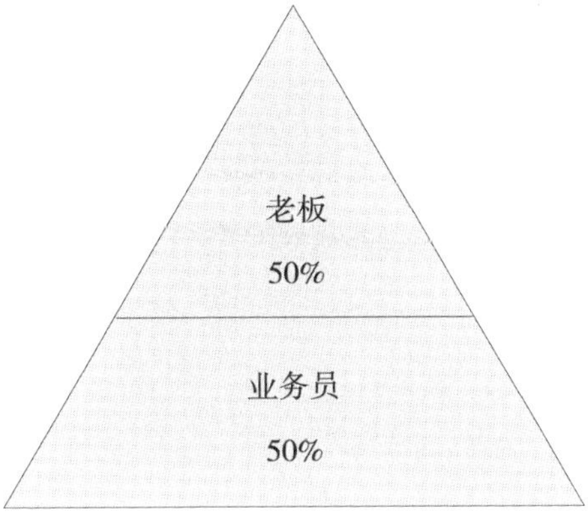

图16 房地产中介公司利益分配结构

基于这样的分配模式，这家公司的业务员人数快速增加。可达到50人左右时，业绩开始停滞不前，老板也疲于奔命。毕竟老板一个人要直线管理50位业务员，仅是开会安排工作，就已经筋疲力尽了。（图17）

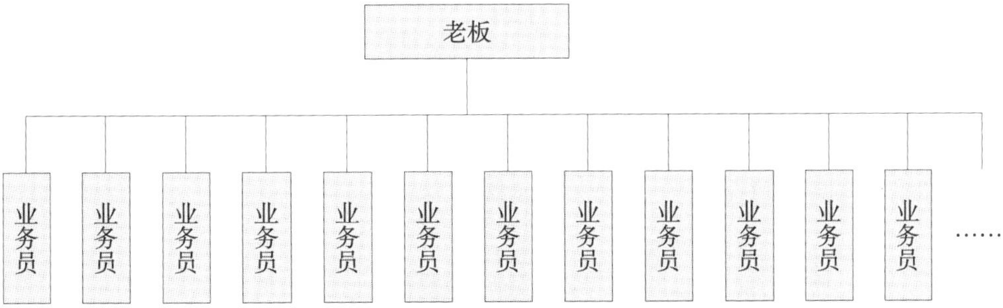

图17 房地产中介公司的组织架构

既然老板这么累，为什么不聘请经理来直接管理业务员呢？这位老板给我的回复是："没有人愿意当经理。"

为什么没有人愿意当经理？我们来详细地分析一下。经理的岗位职责是管理员工、培训员工，从而达成预期的业绩目标。可是想一想这家公司的利益分配方案，老板拿50%，业务员拿50%，钱都已经分完了，经理承担了责任，却无法获得任何利益，还不如当个普通员工。

所以这家房地产中介公司要想改变现状，必须对利益进行重新分配，让经理也要获得相应的好处，可以调整为老板50%、经理10%、业务员40%。（图18）

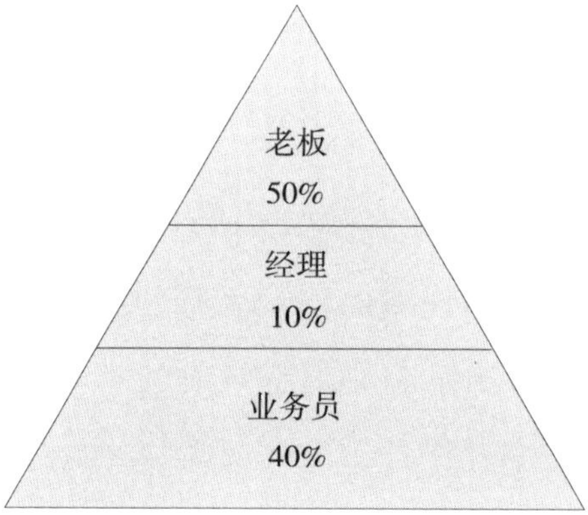

图18　调整后的房地产中介公司利益分配结构

这样的调整在理论上没有任何问题，可是大家想一想，在实际操作中有没有困难？业务员的提成从原本的50%降为40%，业务员干不干？肯定不干。那我们如何让业务员心甘情愿地接受公司的薪酬改革呢？接下来这套话术送给大家：

小王，你看以前做销售，成交一单就能拿到50%的提成，收入确实不错，可相对也非常辛苦，都是你自己单打独斗，你为很多客户付出了很多时间和精力，最终还是一无所获。现在，我请了一位非常优秀的销售冠军当你的师父，他会把他的成功经验通通教给你，而且当你遇到难以成交的客户时，他还可以帮助你成交，大大提升你的成交率。你们可以作为一个团队共同完成销售，最终提成你拿40%，你的师父拿10%，虽然单笔的收入有所减少，但成交量会变多，整体算下来你的收入肯定是只多不少的。

当业务员愿意接受新的利益分配方案后，就有了新的组织架构图。（图19）

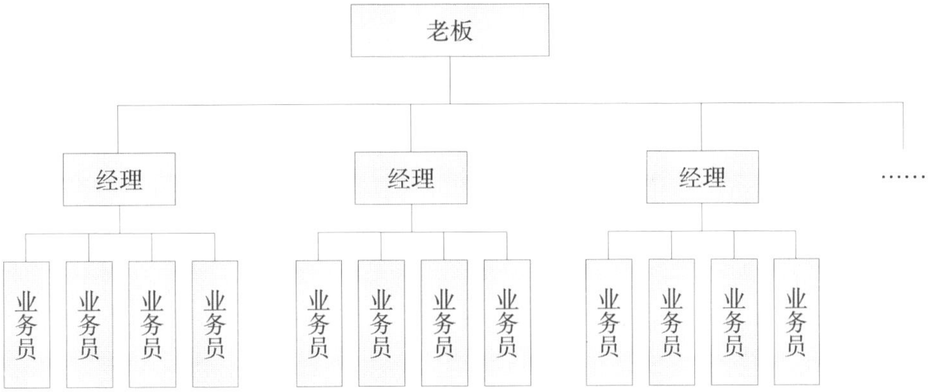

图19 调整后的房地产中介公司组织架构

我们可以把50个业务员拆分为5个团队，根据规则评选出5位经理。原来老板一个人要直接面对50个业务员，现在老板仅需面对5位经理就可以了。

在这里我要特别强调，经理不是随随便便选出来的，**公司必须制定明确的晋升规则，只有满足各项指标的人，才能胜任经理的职务，**这是核心关键。

为什么在这里我要特别强调这一点，是因为我的一些学员就犯过类似的错误。我说老板不能一个人管理公司的所有人，中间必须有经理，有些老板立马就按照自己的喜好直接进行任命。如果这个人有能力担任经理一职的话，没有任何问题，但大多数情况是老板把不合适的人放在了不合适的位置上，经理无法胜任，员工也不服管，对团队造成了很大的伤害。所以公司需要制定一套完整的晋升机制，明确地告诉员工如何升职加薪。

以我的经验来说，我建议各位老板可以选择PK的方式评选经理。比如在接下来的三个月内，销售业绩达到公司前10名（此项为业绩指标，占比60%~80%），价值观和能力达到某种标准（此项为行为指标，占比20%~40%），经过老板面试和员工投票，分数排名前5位的业务员，可以晋升为经理。

有了明确的规则，接下来的三个月这50个业务员是不是会加倍努力？因为只要能当上经理，不仅可以拿到40%的业绩提成，还可以拿到10%的团队管理奖。所以业务员们为了获得更高的收入和更好的职位会努力奋斗，企业的业绩自然就会变得更好。

当5位经理上任后，老板就从管理50个业务员的基层管理者，变成了管理5位经理的中层管理者。

随着公司发展，业务员的数量会逐步增加，经理的数量也会随之增加。假设业务员数量达到500人，对应的经理就需要50人，这时老板就需要直接管理50位经理，这又回归到最初老板直接管理50位业务员的状态，显然是不行的。因此，就需要在50位经理中再选出5位总监，也就是从基层管理者中选拔出中层管理者。

当5位总监上任后，老板就从管理50位经理的中层管理者变成了管理5位总监的高层管理者，成为真正的老板。（图20）

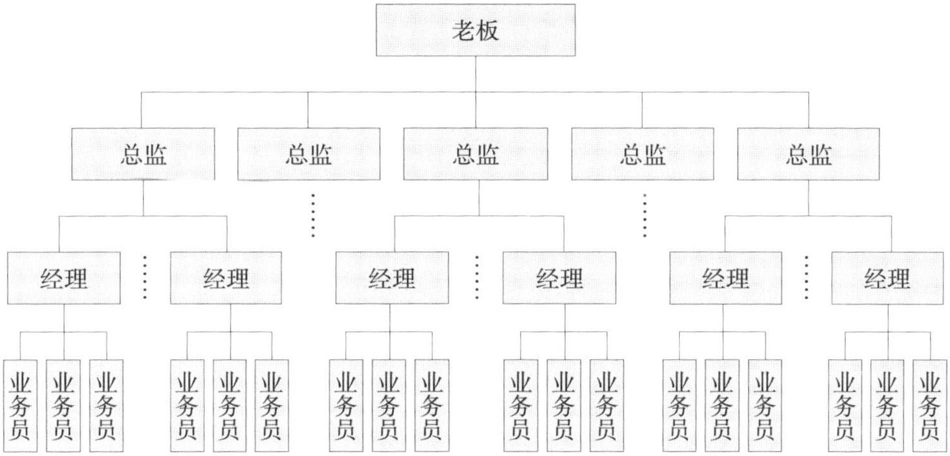

图20　公司发展壮大后的房地产中介公司组织架构

为何韩信能统领百万大军？原因是他知道如何选择将领，而这些将领能够管理好自己的兵，因此，韩信只需要管理好这些将领即可。

改变了公司的组织架构，那么问题又来了。现在多出了总监一职，肯定要拿出相应的利益进行分配，否则又会出现无人可用的局面。但钱已经分完了，怎么办？

企业在发展过程中必须不断地优化流程和组织架构，以便员工更好地进行分工协作，否则就会停滞不前，这个过程就是所谓的改革。

但是分工的细化会涉及利益的重新分配，很多“既得利益者”没有办法站在公司层面思考，只关注自己原有的利益被分配出去，却没有考虑到通过分工细化可以提升公司的生产力，可以为自己带来更大的利益，这些人最终成为改革的阻力。

如果这时从业务员的利益中再拿出10%分配给总监，很可能销售团队就自动解散了。如果从老板的利益中拿出10%分配给总监，再加上运营成本，老板可能就白忙活了。这样就只剩下了经理，但经理也只有10%，拿出来再分配也不现实。这种情况下要怎么办？

有两种解决方案。方案一，老板和业务员各自拿出5%，也就是老板45%，总监10%，经理10%，业务员35%，这种分配是最合理的。方案二，其他岗位提成不变，老板拿出5%，也就是老板45%，总监5%，经理10%，业务员40%。（图21）

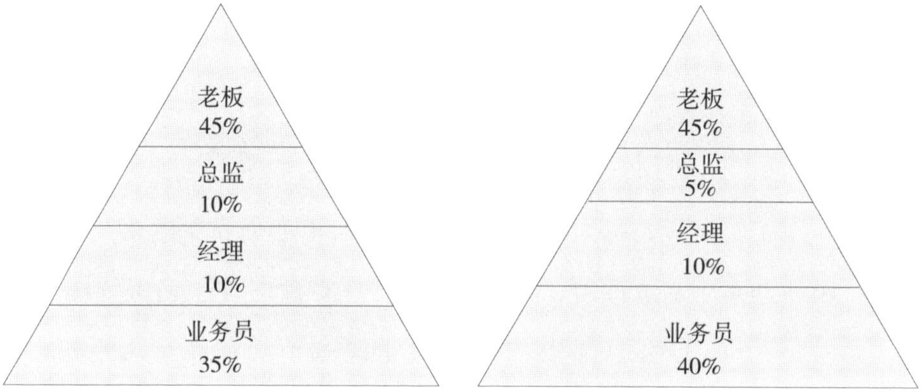

图21　公司发展壮大后的房地产中介公司利益分配结构

老板通过合理分钱，不仅帮助公司提升了管理效率，同时也减轻了自身的工作量。

通过组织架构的搭建，每一位员工都可以清晰地知道自己的部门归属、职级和岗位职责。在工作中，知道工作向谁汇报、有问题找谁协助，知道接下来自己的发展方向，从而制订自己的职业生涯规划。

第四节

管理混乱的原因是框架不全、层级不明、职责不清

公司管理混乱的原因是框架不全、层级不明、职责不清。很多老板习惯越级指挥，最终导致很多管理岗位形同虚设，不仅直接下属没有成就感，下级的下级也不会把他的直属领导放在眼里，这样自然会越干越累。

界定谁管谁、谁被谁管的前提是理清层级关系。如果上下级关系界定不清，就会出现多头领导，公司顶层战略无法落地，中层干部无法承上启下，基层员工也会一头雾水。

很多老板习惯越级指挥，最终导致很多管理岗位形同虚设，不仅直接下属没有成就感，下级的下级也不会把他的直属领导放在眼里，这样自然会越干越累。

企业架构中一般有四个层级：

高层——领导层；

中高层——监督层；

中层——管理层；

基层——执行层。

在企业管理中，不同层级的员工负责的事项不一样，思考的维度也不一样。很多员工职务升级了，但思考的维度却没有升级，结果当然不尽如人意。比如一个优秀的业务员升级为经理后，却不知道应该做什么，不仅团队管理没有做好，自己的业务量也直线下滑。

企业管理混乱的原因是组织系统不完善，岗位分工不明确，一人兼职多岗，导致角色混乱。比如公司总经理，既是领导者，又是管理者，还是监督者，外加执行者。但很多时候总经理并没有意识到自己扮演了多重角色，仅专注于某一角色，忽略了其他角色，因此给管理工作带来了巨大的困难。

在企业架构中，员工分为四种角色。（图22）

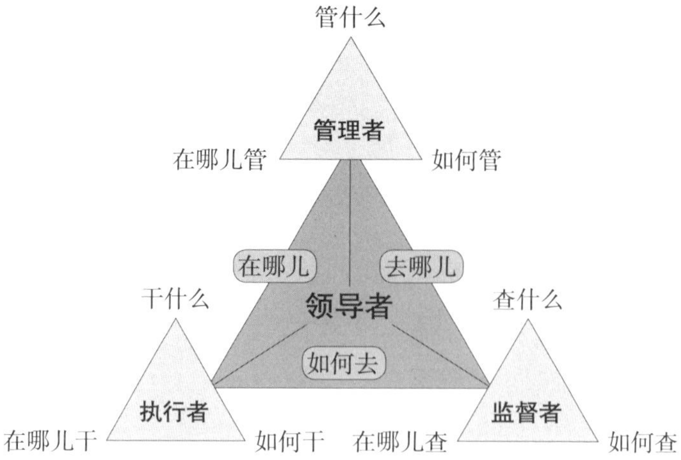

图22　企业架构中的四种角色

角色一：领导者。

关键词：去哪儿，在哪儿，如何去。

领导者最重要的任务是定方向，制定公司的战略方向，确保公司做正确的事情，这叫作“去哪儿”。

领导者需要指挥好团队作战，而不是自己挽袖子埋头苦干。老板切记不要扎到事务性的工作里去，抢了总经理该干的活儿，要留出时间洞察市场、规划战略、运筹帷幄，千万不要用战术上的勤奋掩盖战略上的懒惰。

当一位领导者不成熟的时候，眼中看到的全是机会，什么项目都想做。但没有一家公司是可以赚所有人的钱的，必须把有限的资源和精力用在最具优势的地方。所以领导者在明确“去哪儿”之后，就要搞清楚自己“在哪儿”，也就是要知道企业的核心优势是什么。只有清楚企业“在哪儿”，才能根据“去哪儿”找到最佳策略，从而决定“如何去”。

角色二：监督者。

关键词：查什么，在哪儿查，如何查。

监督就是检查，监督不到位，老板两行泪！很多老板总爱说“你办事我放心”这句话，但这种盲目的信任是存在极大风险的。

领导者可以授权，但绝对不能弃权。监督是建立在对人的不信任之上的，特别是在公司的流程还不完善的情况下，一定要加强监督，严控流程，发现问题及时解决，将风险扼杀在萌芽阶段。

角色三：管理者。

关键词：管什么，在哪儿管，如何管。

管理者必须要知道自己该管什么。该你管的你必须要管，不该你管的坚决不要管。

企业是一个协同作战的整体，各部门之间的管理者不能只从本部门的利益出发，而是要从全局角度思考，想办法协调好各部门之间的协同合作，以确保得到最好的结果。

管理最重要的就是管理节点、理顺流程。所以管理的原则就是随时、随地、随人、随事。因此，管理者不能总是坐在办公室里打电话、听汇报，一定要实行走动式管理，亲赴一线指挥作战，搞清楚业务流程中各个环节的实际情况，才能够真正地把流程理顺，确保得到结果。

角色四：执行者。

关键词：干什么，在哪儿干，如何干。

“干什么”是基于岗位职责，是上级领导指派的任务目标；“在哪儿干”是基于业务流程；“如何干”是基于业务技巧。如果一家公司的执行力不行，一定是公司的目标管理系统出了问题，管理者必须明确地告诉执行者干什么、为什么干，并帮助执行者提升实干的能力。

执行者不需要有自己的思想，不可以自作主张，只需按照公司既定的业务流程和规章制度进行，高效完成工作即可。如果执行过程中出现问题，一定是业务流程的问题，这时候监督者就要对业务流程进行修正，使企业各层级都发挥作用，确保达成目标。（图23）

图23 企业层级框架

执行层是企业中的基层员工，主要任务是执行。执行层需要通过自身的工作能力和工作成果获得客户、同事和上级的信任，从而步步高升，被公司委以重任。

执行层的员工要想晋升为管理者，必须具备总结和复制的能力，要会做、会说、会教。管理者的核心是通过团队得结果，如果执行层的员工能把自己的经验复制给他人且得到结果，说明他有带领团队的能力，这样的人才可以升级为管理者。

在很多公司里，老板会把业绩突出的业务员晋升为经理，可成为经理后，他不仅没有把自身的经验复制给团队，连自身的业绩都做不好，结果适得其反。

管理层是基层管理者，主要任务是建立团队，通过执行层达成目标。因为目标是通过他人完成的，所以管理层具有监督和领导的职能。

管理层需要凝聚团队，激发团队活力。有些管理者虽然会教，却不懂得说话的艺术，团队业绩很出色，但人员的流失率却很高，这对于公司的发展也是极其不利的。

在市场环境较好的情况下，企业的业绩也会不错，这时对管理层的要求也不会太高。可一旦市场情况变得不好，就需要管理层运用优秀的管理能力，带领团队突破逆境，帮助公司力挽狂澜，所以此时对管理层的要求是最高的。

监督层是中高层管理者，主要任务是建立管理体系，理顺业务流程。监督层必须根据一线管理者的实时反馈，不断地优化公司的业务流程，完善公司的管理体系，通过管理层达成目标。

很多企业管理体系不完善，老板不知道流程体系如何搭建，所以采用外部空降职业经理人的方式，以为这样就可以放手不管了。其实这种心理是完全错误的。职业经理人的作用就是把优秀的流程体系带进公司，如果做不到这一点，就没必要为了请而请。

企业管理要想成功，要么自创一套流程体系，要么直接借鉴别人已经行之有效的流程体系。自创的流程体系一定是源于基层实践的经验总结，中高层管理者一定是从基层管理者中提拔上来的。

领导层是老板，主要任务是建立企业文化，营造氛围，设定好奖惩机制，找对人。

领导层要问自己三个问题：为什么干？干什么？谁来干？

执行层、管理层、监督层也要问自己三个问题：为什么干？干什么？如何干？

从图24中可以看到四个层级各自的工作重点：

领导层——重在领导和监督，不做具体执行；

监督层——重在监督，管理、执行相对较少；

管理层——重在管理，同时要领导和监督；

执行层——重在执行，同时要学会管理自己。

层级越往下越务实，层级越往上越务虚，企业只有虚实结合，才能越做越好。

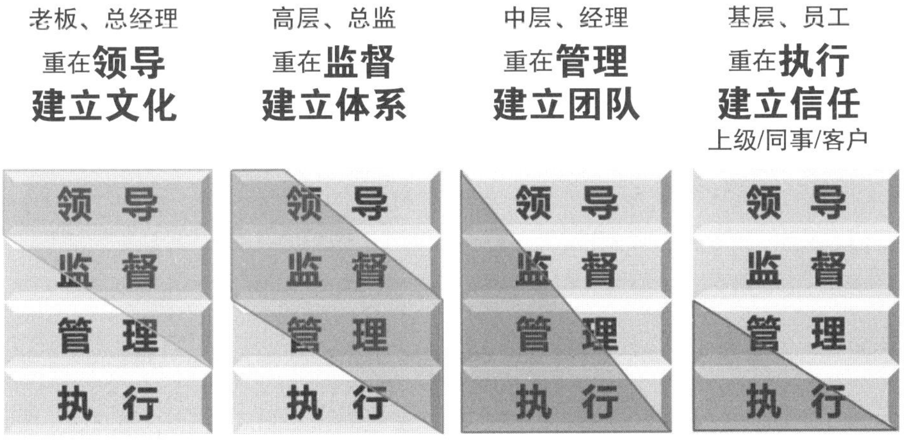

图24 企业中不同角色的工作重心

第二章

分工分到位，事半又功倍

企业发展到一定规模，很可能会人浮于事、效率低下，此时就需要进行改革。改革的第一步就是组织架构的重构，否则会职责不明、分工不清。只有清晰地规划出组织架构，才能找到和岗位适配的人才，把合适的人放在合适的位置上。

第一节

优秀的分工和协作从规划组织架构开始

优秀的组织架构图，不仅能清晰地表明每一位员工的位置和层级，还能展示公司未来的发展方向。组织架构图是一个基于岗位界定、岗位补充、人才最大化使用的立体图，在图中需要对各岗位进行明确量化。

为了更好地分工和协作，我们需要用一张二维的组织架构图来理顺关系。在图中既能展示出上下级之间的关系，又能展示出各部门之间的关系。一个优秀的老板，必须懂得规划组织架构。

接下来和大家分享一个印刷公司的案例，学习一下如何设计组织架构。（图1）

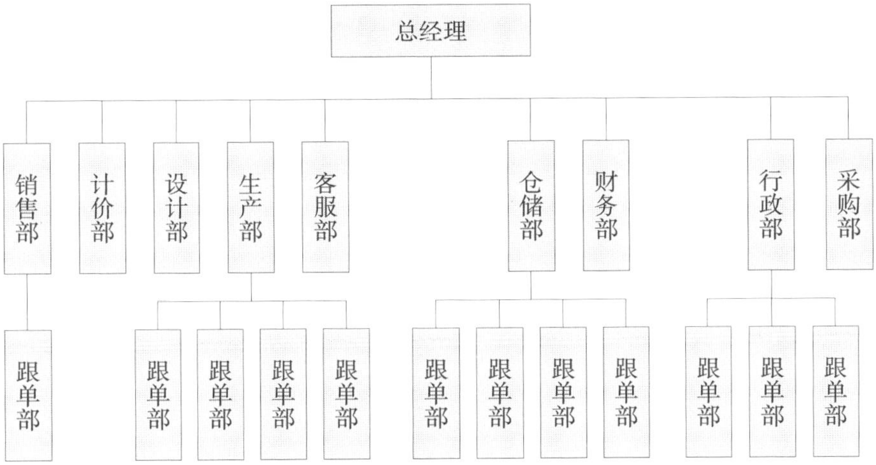

图1　印刷公司组织架构

从这张组织架构图中可以看出，总经理直管9个部门。试想一下，如果这9个部门的人依次汇报工作，这位总经理的时间就会被全部占用了，哪儿还有时间规划公司的未来？

另外，设立的部门过多，会降低部门之间的协作性，增加沟通难度，降低工作效率。而且有的部门之间为了维护自身利益，会产生竞争关系，无形中加大了内耗。

我们可以模拟一个真实的业务流程。假设一个销售部的业务员接到一个订单，他需要先让设计部出设计稿，再找计价部出报价单，然后去生产部印刷，最后由客服部跟踪服务。这样一个订单，业务员就需要协调四个部门的工作，花费大量的时间。但是大家想一想，业务员的核心工作是什么？是开发客户，成交客户。时间都花在了内部工作的协调上，哪里还有时间提升业绩？这家公司的营业额自然不尽如人意。

印刷公司的老板经过学习，对组织架构进行了以下调整。（图2）

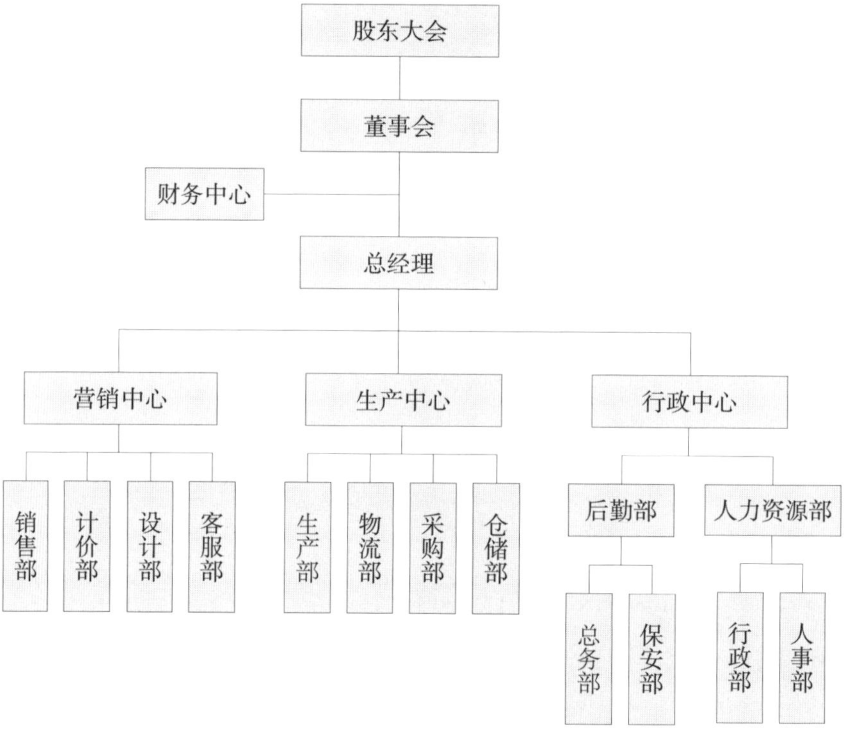

图2　调整后的印刷公司组织架构

调整后，总经理直管的部门降到了3个，分别为营销中心、生产中心和行政中心。其中非常出彩的一点是让营销中心和生产中心互为客户。

营销中心拿到订单后，生产中心无法生产或报价太高，营销中心有权把订单外包给外部印刷厂。如果生产中心因为自身的问题总是接不到订单，就没有收入。当然，要是营销中心的订单太少，达不到生产中心的产能，生产中心也有权接受外部订单。

这样一番操作下，营销中心和生产中心这两个部门就相当于两个独立核算的公司，人人都变成了为自己干，工作动力一下子就被激发了。

随着组织架构的调整，业务流程方面也发生了变化。业务员在接到订单后，不再对接各部门，而是转交给营销总监，由营销总监负责沟通协调，业务员只需要专心地接单即可。这样业务员就有大量的时间去开发客户，业绩自然明显提升。

通过以上案例，相信大家已经知道了设计组织架构的重要性，接下来分享一下设计组织架构的具体操作步骤。

第一步：老板需要列出公司的业务、产品及部门。

和前文中给出的印刷公司的二维组织架构图一样，老板列出公司所有的部门和岗位，全部放在总经理下方。企业的组织架构设计应该以事为中心，因事设岗，而不是因人设岗。很多企业设立岗位是因为已经有了人，所以设了一个公司根本不需要的岗位。建议老板在设计组织架构时忘掉公司已有的人，把公司的业务放在第一位。

第二步：从业务价值链出发，根据业务流程、客户群、人才资源进行部门设定，可以合并，也可以拆分。

列出全部岗位后，开始进行合并同类项，把同一性质的岗位合并在一起，形成部门。在企业没有建立系统，管理成熟度较低的情况下，一个人的管理幅度在6~8人。如果人数超过管理幅度的限度，管理水平就会下降，管理者的体力、精力会严重不足，最终导致无效管理。

企业发展到一定规模，就会人浮于事、效率低下，此时需要进行改革。改革的第一步就是组织架构的重构，否则就会职责不明、分工不清。

第三步：随着公司规模的改变，组织架构也要不断地优化、重构。

设计组织架构时，既要严谨，又要保留一定的弹性，以适应公司战略规划的调整。组织架构图可以设计一年的、三年的和五年的，因为市场环境和公司战略会不断调整，组织架构也要因时制宜。

1. 初创期

公司初创期，员工的人数较少，业务也相对简单，也许只有三个岗位，即总经理、业务员和生产员，所以组织架构也很简单。（图3）

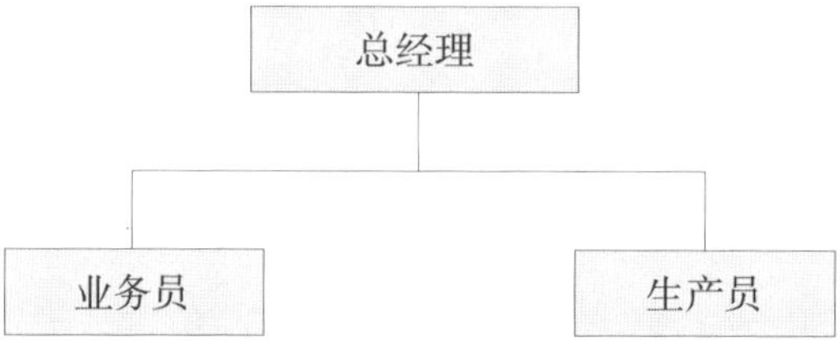

图3 初创期公司组织架构

此时的组织架构为扁平式结构，总经理负责公司的人员管理和业务拓展，是公司唯一的管理者。这个阶段，老板只做一件事，那就是所有的事。业务员负责公司的业务对接和产品销售，生产员负责公司的产品设计和生产制作。

2. 成长期

公司从初创期进入成长期，员工人数逐步增加，如果还是由一位总经理负责全员的工作，显然会阻碍公司的发展。因此需要设立部门，由各部门经理负责部门工作和人员管理，从而减少管理幅度，提高管理质量。（图4）

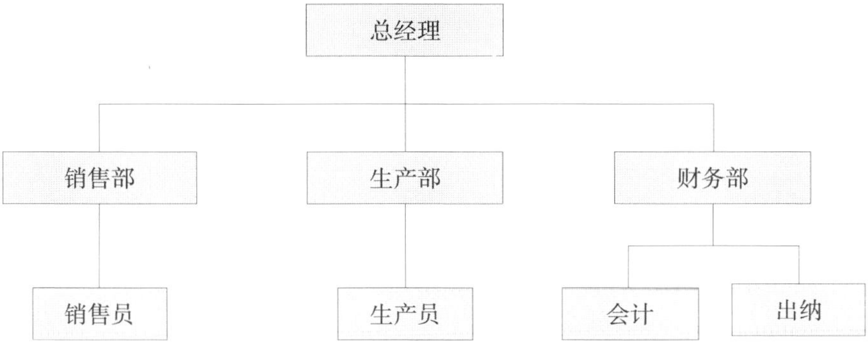

图4 成长期公司组织架构

成长期的公司规模较小，组织架构相对比较简单，只需要设立销售部、生产部和财务部即可。这个阶段，老板负责公司战略的制定和落地，通过管理层次的增加，老板有了三位得力的助手，工作会相对轻松一些。

销售部负责公司所有的业务工作，销售部经理对销售员进行统一管理，对公司业绩负全责。生产部负责公司所有的产品生产及质量把控，生产部经理对生产员进行统一管理，对产品负全责。

和初创期公司相比，成长期公司的业务量明显提升，因此组织架构中增加了财务部，专门对公司的资产进行统一管理与核算。财务部至少设立两个岗位，即会计和出纳，分别管理公司的账务和现金。

3. 扩张期

随着公司资源的不断积累，销售业绩会进入一个猛增期，如果不及时进行组织架构的调整，将会减缓公司发展的步伐。扩张期的组织架构中，对工作岗位要进一步细化，明确分工，同时增加大量管理者协调和管理各部门之间的工作。（图5）

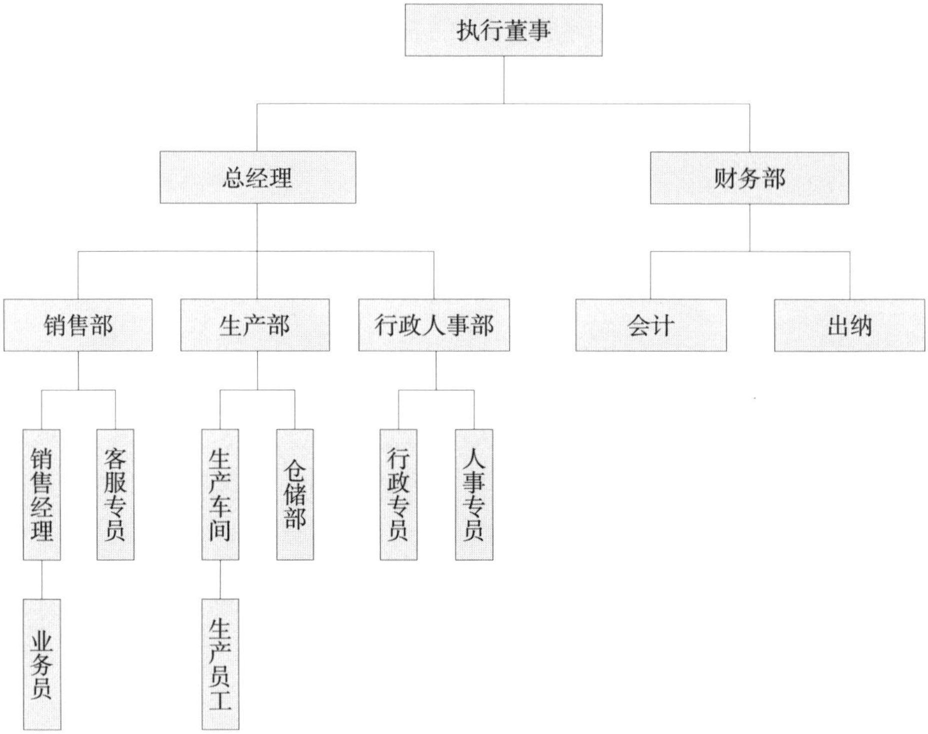

图5 扩张期公司组织架构

这个阶段，老板可以兼任执行董事，负责公司的战略制定。总经理可以由职业经理人担任，负责公司战略的执行和落地，分管销售部、生产部和行政人事部。因为总经理需要专注于企业的经营，而财务部更偏重于财、税、账、物的管理，所以财务部由执行董事统一管理。换句话来说，只有找到了合适的总经理和财务经理，老板才能从总经理升级为执行董事。

处在扩张期的公司，最明显的特点就是客户数量快速增加，如果还是由业务员负责客户的后期管理，客户满意度会随之降低，业务量也会大受影响，所以此时增加客服专员的岗位势在必行。当然，从公司层面来说，由客服专员统一对客户进行管理和维护，也是防止客户外流的有效手段。

随着产品需求量的猛增，极有可能出现供不应求的情况，通常公司会加大库存量，以保证供货的及时性，这时就有必要设立仓储部，专门负责产品的运输和原材料的采购。当然，部门增加，岗位增加，人员招聘、日用品采购等日常性的事务也会增加，此时设立行政人事部非常必要。

4. 成熟期

当公司完成快速扩张后，会逐渐趋于稳定，成熟期的公司对市场占有率和品类的要求会更高，相应的管理成熟度也需要更高，此时的组织架构设计就需要更加成熟。（图6）

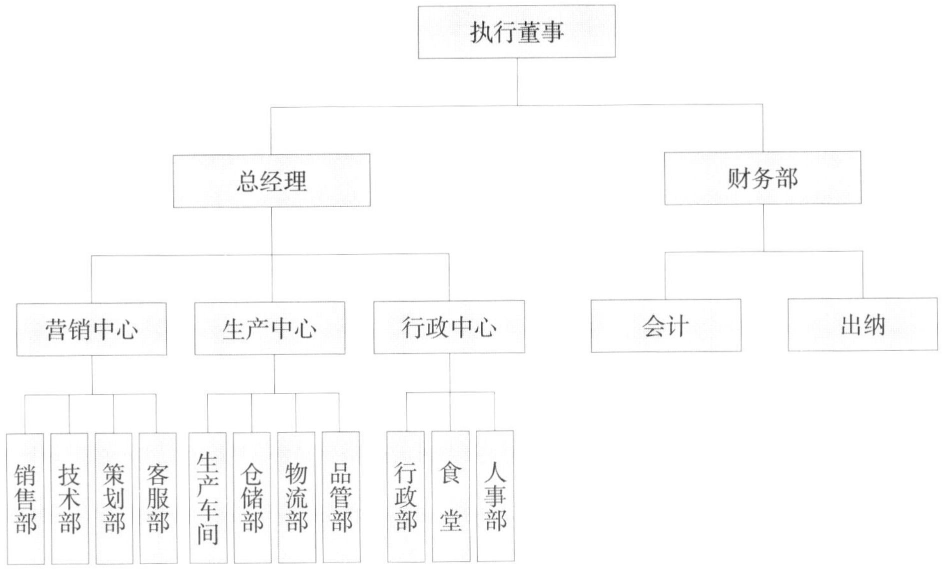

图6 成熟期公司组织架构

这个阶段公司需要设立营销中心，它的职能不再仅限于产品的销售，还包含了客户管理、产品策划、技术研发等一系列与公司业务相关的事务。生产中心的职能也有所扩充，对产品质量、技术标准、新产品研发、成本控制、生产安全、后勤保障等生产的全流程进行管控。行政中心依然负责公司的后勤保障。

5. 集团化

公司在成熟期会停留较长的时间，但随着产品品类的不断增加，公司业务会扩张到全国，甚至涉足海外，公司开始走上集团化的道路。（图7）

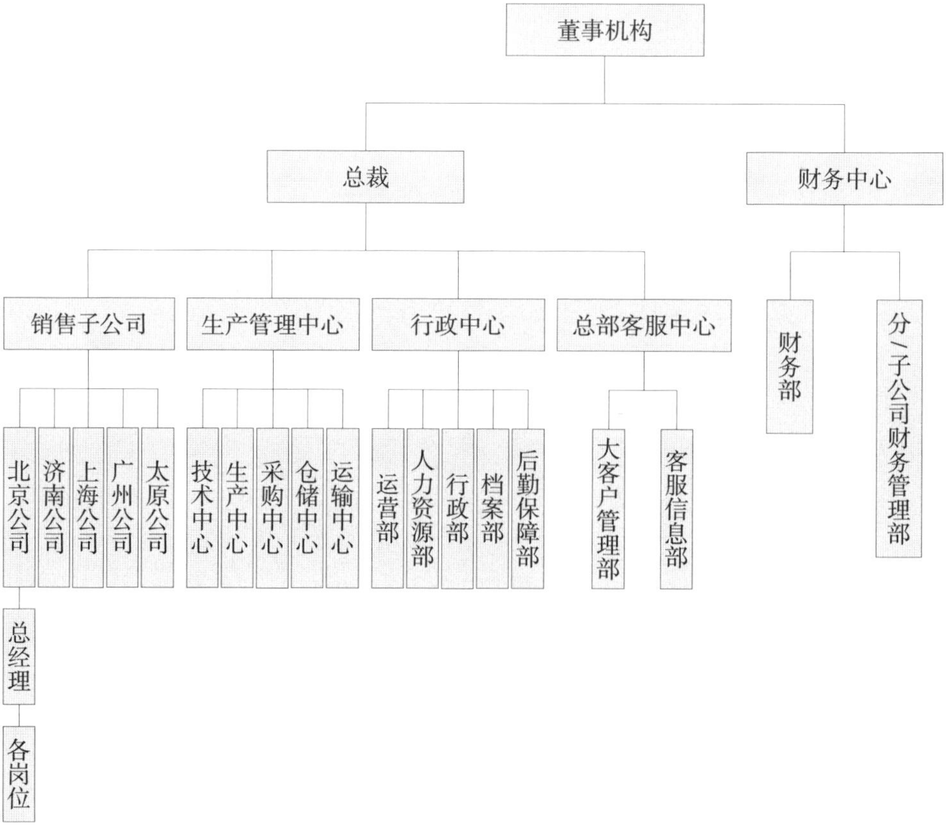

图7　集团化公司组织架构

此时的领导层需要考虑企业是基于现状稳步发展，还是为了追求更高的目标努力扩张。其中一部分企业会选择垂直深耕，聚焦专业化发展，而另一部分则会走上多元化发展的道路。图7为专业化公司的组织架构，如果是多元化公司，只需把最左侧的“销售子公司”改为“事业部”即可。

接下来，给大家分享组织架构的设计标准。

一、部门结构要清晰

部门结构清晰，员工才能各司其职、各尽其责。在设计组织架构时，除了要考虑业务范围，还要考虑管理层级。上下级之间必须相对应，即一个下级只对应一个上级。**上级可以越级检查，但不能越级指挥；下级可以越级报告，但不能越级请示。**

接下来，我们以四类常规部门为例进行说明：

1. 财务中心

【会计专员】基层员工，负责制作各类财务报表，完成会计的基础性工作。

【财务主管】基层管理者，负责财务人员的工作指导、培养与考核。

【财务经理】中层管理者，负责预算管理、核算管理、成本管理和税务管理。

【财务总监】财务中心的最高负责人，负责财务部日常管理、制定财务制度、投融资管理。

2. 行政中心

【行政专员】基层员工，负责人员招聘、考核汇总、薪酬计算等基础性工作。

【行政主管】基层管理者，负责企业培训、人事专员考核、企业管理制度完善。

【行政经理】中层管理者，负责打造企业氛围，分解企业战略目标，监督战略目标的执行。

【行政总监】行政中心的最高负责人，负责人事部日常管理、核心人员的培养与聘任。

3. 营销中心

【销售专员】基层员工，负责完成销售目标，是销售业绩的主要执行者。

【销售主管】基层管理者，负责协助销售专员成交，维护客户关系。

【销售经理】中层管理者，负责市场调研、行业分析，监督销售流程的执行。

【营销总监】营销中心的最高负责人，负责制订营销方案，推动销售目标的达成。

4. 生产中心

【生产专员】基层员工，负责产品的生产和制作，是生产环节的主要执行者。

【车间主任】基层管理者，负责生产排班，确保生产专员按时完成生产任务。

【生产主管】基层管理者，负责产品质量，按标准对半成品、成品质量进行检验。

【生产经理】中层管理者，负责制定产品标准，监督流程，确保规范生产。

【生产总监】生产中心的最高负责人，负责生产的全流程管理、新产品研发和技术升级。

二、人员要精简

精简人员可以降低管理成本，避免人浮于事。设计组织架构时，可以着重从产品、营销和运营入手，因为这三个维度是企业发展的重要因素，需要根据企业自身情况与行业特性重点设计。

1. 产品维度

产品维度包含研发、制造和采购。通过产品的规划，可以确定企业是以产品中心统一生产、统一经营为主，还是以各事业部独立核算为主。

【研发】以技术为核心的企业，偏重于产品和技术的研发，大多拥有自主研发的知识产权，多以专利和品牌盈利。在设计这类企业的组织架构时，应根据企业的战略规划，思考技术研发在企业中的重要程度。一般技术领先型企业，较为关注研发团队的打造，研发岗位的设置也相对较全，一般设有技术、检测、品控、新品研发等岗位；应着重考虑研发型人才的储备与引进，以提升企业的技术水平。

【制造】以制造为核心的企业，通常拥有规模化的生产基地、生产设备和生产团队，以及标准化的工作流程。这类企业多以高效生产、工艺成熟度盈利。在设计这类企业的组织架构时，应重点设置生产中心、仓储部、物流部、设备部、质检部等核心部门，着重解决一级生产人员的招工与流失问题。

【采购】以低成本运作为核心的企业，采购成本会直接影响企业的实际利润。这类企业通常把采购中心设为核心的盈利部门。在设计这类企业的组织架构时，应着重对采购部、仓储物流部、质检部等部门进行设置，重点完善采购供应链体系。

2. 营销维度

营销主要以市场需求为依据，从销售、交付、服务这三个方面出发，想办法卖出更多产品以获取利润。

【销售】销售部根据企业的战略目标，制定销售模式，打造销售团队，拓宽销售渠道，提升销售额和市场占有率。在设计组织架构时，应以市场策略为基础，完善各级销售团队，建立客户备案机制。主要部门包括销售部、市场部、策划部和客服部，网络销售部可根据企业实际情况确定是否设立。

【交付】产品销售后，企业需要完成产品的交付和后续服务，努力提高客户的满意度。在设计组织架构时，应以产品或项目的交付流程为主，关注交付型人才的培养与引进，重视客户服务与管理，提升客户满意度，促进客户的重复消费与转介绍，主要部门包括技术部、客服部、项目交付部和技术培训部。

【服务】客户服务对客户重复消费与转介绍影响极大。以服务为主的企业应着重增加客户的体验感与身体记忆，通过提升企业的知名度来增加销售额。这类企业大多没有核心技术或多样化的营销模式，在设计组织架构时，应重点打造服务团队，主要部门包括客户服务部和员工培训部。

3. 运营维度

产品和营销是企业实现战略目标的先锋官，运营则是企业的支撑和保障，肩负着日常管理、风险管理、人员管理等重要职能，包括人事、行政、财务三个主要部分，是企业不可或缺的重要模块。

【人事】负责企业内部的薪酬计算、绩效考核、招聘培训、员工职业生涯规划和企业外部人才的引进。

【行政】负责企业内部的运营工作和基础的外联工作。组织架构设置主要包括行政、前台接待、后勤保障、司机等岗位。

【财务】负责企业的财务风险管控、日常财务工作、税务筹划等。组织架构设置根据企业规模而定，主要包括出纳、各类会计、分/子公司会计等岗位。

三、集权与分权要合理

集权是为了提升执行力，分权是为了平衡和相互制约。在设计组织架构时，要考虑几方面的监督和平衡。

1. 董事会和监事会

股东对财务的审计、查账、监督都需要通过监事会完成。

2. 总经理和财务部

总经理对人事、利润负责，财务部对账务、现金负责。

3. 销售部和客服部

销售部负责客户的开发，客服部负责客户的备案。客服部只能对

"孤儿客户"，也就是没有直接销售人员负责的客户进行销售，对有销售负责的客户不具备销售权。

4. 生产部和技术部

技术部负责产品开发和标准制定，生产部按照标准进行生产。标准出错，技术部承担全责；标准正确，生产出错，生产部承担全责。

四、控制幅度要适中

有人说管理公司就像骑马，缰绳绷得太紧，马跑不动，缰绳放得太松，马又不受控，所以管理是门艺术，要讲究弹性。应该按照各部门、各岗位对公司产生的影响，适当地进行权力下放。各部门、各岗位的权力应当与其在组织中的位置和所承担的职责相对应。

通常对企业影响越大的工作，决策权越集中。公司的最高领导层拥有总指挥权，当权力分解到各部门、各岗位后，员工在其职权范围内拥有相应的决策权。

企业制定总体战略目标后，需要将总目标进行分解，由领导层分解到高层，由高层分解到中层，再由中层细化至基层，进而落实到企业的每一个岗位上。（图8）

一般职级越低，事务性工作越多；职级越高，决策性工作越多。只有打破集权式的管理模式，给不同的岗位赋予相应的权力，管理成熟度才会提升，战略的实施才会更加顺畅。

不同阶段的企业，授权模式不同，各部门的职能划分与权限范围也有所不同。

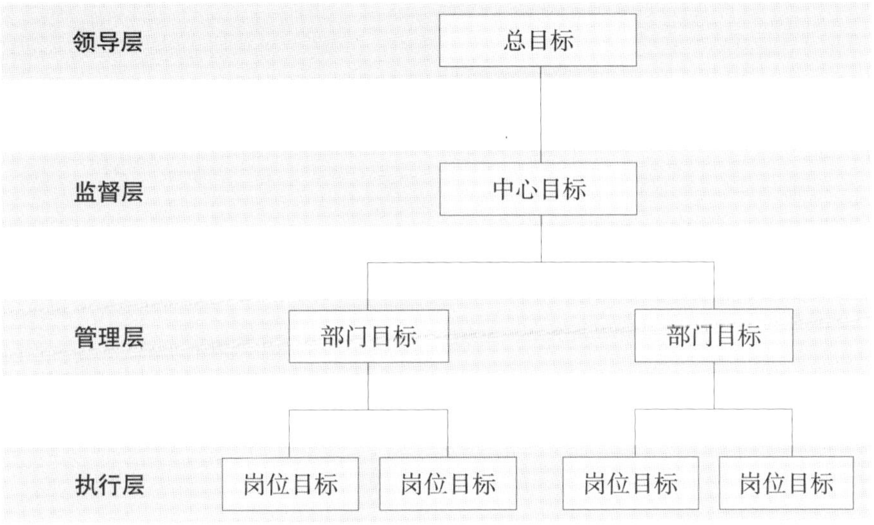

图8 企业目标分解

采用集权式管理模式的企业，多数处于初创期或成长期，组织架构相对简单，管理权和决策权主要集中在领导层；采用授权式管理模式的企业，大多处于扩张期，监督层和管理层拥有相应的管理权，领导层依然负责主要的决策，对公司仍有较强的控制权；采用规范式管理模式的企业，大多处于成熟期，各部门按照制度和规范进行管理，将人为因素降到最低。

第二节
战略中心如何分工？

董事长定战略，总经理管执行；董事长设目标，总经理做计划；董事长造梦，总经理圆梦；董事长分钱，总经理赚钱。很多企业之所以经营不好，归根结底还是组织架构的问题，董事长和总经理分工不清、责任不明。

设计组织架构考验的是管理者的智慧，体现的是领导的艺术。接下来，我们通过分析一家公司完整的组织架构，来学习有效分工。（图9）

一家公司完整的组织架构分为四大区域。首先我们分析最上方的区域，这是一家公司的顶层架构，也可以称之为战略中心。

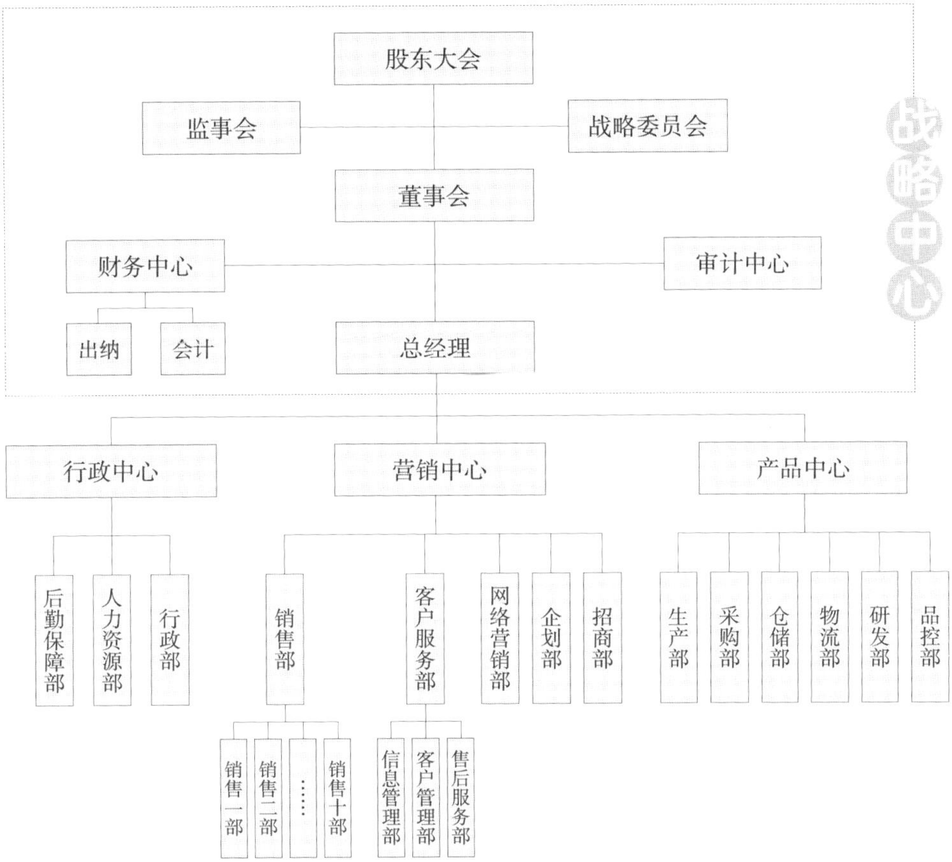

图9 公司完整的组织架构

战略中心包括股东大会、监事会、战略委员会、董事会、财务中心、审计中心和总经理。

一、战略中心的主要职责

（1）制定公司战略，负责监督执行；

（2）财务管理和财务系统的建设；

（3）新项目立项；

（4）企业的文化建设；

（5）执行监督及审计。

二、战略中心的部门设置

1. 股东大会

股东大会由全体股东组成，是公司的最高权力机关，对公司重大事项进行决策，有权选任和解除董事，并对企业的经营管理有广泛的决定权。

股东大会既是一种定期或临时举行的由全体股东出席的会议，又是一种非常设的由全体股东所组成的企业最高权力机关。它是股东作为企业财产的所有者，对企业行使财产管理权的组织。企业的一切重大人事任免和经营决策都需股东大会认可和批准方才有效。

不管是夫妻店，还是小企业，只要是股份制结构，股东人数超过两人，就可以设立股东大会。非股份制结构的企业，不涉及股东大会，老板既是所有者，又是经营者。

合伙企业和股份制企业，在成立之初就要设计好股权结构，定好规则，以免企业做大后产生利益纠纷，亲人变仇人。

2. 监事会

上市公司一般会设立监事会监督董事会。监事会由股东大会及职工民主选举的监事组成，对公司的业务活动及会计事务等进行监督、检查。监事会可请求董事会给出报告，审阅公司的生产经营和财务状况。

3. 战略委员会

战略委员会是董事会的智囊团，主要用于收集行业信息和市场信息，通过分析，协助董事会规划企业的发展战略，并对企业重大投资项目进行可行性研究，提出实施审议。

4. 董事会

董事会是由董事组成，对内掌管公司事务、对外代表公司的经营决策机构，由股东大会选举产生。董事会设董事长一人，副董事长一人，由董事会选举产生，董事长是董事会里面的最高行政长官。

5. 财务中心

财务是企业的命脉，直属于董事会管理。因此，财务中心必须按照严格的标准进行责权划分。（表1）

表1 财务中心的责权划分

部门权限	1. 战略目标制定与公司重大事项的参与权 2. 预算制度的审核权 3. 对违反财务制度的处罚权 4. 对各部门的财务审查权 5. 对下设各部门的管理权 6. 内部人员编制、人事任免权与各岗位考核的奖惩权
部门职责	1. 定期向董事会汇报公司财务状况、经营成果及现金流的情况 2. 建立健全公司财务管理制度，经审核后负责组织贯彻执行 3. 严格执行财政税务法规、政策，对不符合国家和公司财经方针、政策、制度、规定的情况及时制止 4. 考核、分析公司重大经济活动，对公司的投融资项目提出可行性意见 5. 参与拟定公司年度财务预算、决算方案，监督年度投资计划、财务计划的实施 6. 审核公司重要财务事项及资金支出事项 7. 监督调动工作或因故离职的会计工作人员，及时办好会计交接手续，保证会计记录的连续性和会计资料的完整性 8. 沟通与协调公司各部门工作，理顺与财政、税务、银行之间的关系 9. 及时掌握国家新颁布的有关财经法规及税收政策，对公司财务人员进行培训，不断提高财务人员的素质和业务水平

续表

部门职责	10. 按企业会计制度规定，设置会计科目、会计凭证和会计账簿 11. 按时填制会计凭证、科目余额平衡表及会计报表，保证账表、账账、账实相符 12. 严格按照公司制定的费用开支报销标准审核费用报销单，不符合公司规定的退回重填 13. 按时填报纳税申报表，加强与财政、税务、银行之间的联系、沟通，及时反馈信息 14. 按时编制各种成本报表和费用表，与年度计划、去年同期比较，分析存在的问题，提出控制成本和费用的办法 15. 负责会计凭证、账簿、报表及其他会计资料的装订、妥善保管，按国家规定立卷、归档、调阅、销毁等

6. 审计中心

审计中心负责对资料做出证据收集及分析，以评估企业的财务状况。审计中心通过系统化、规范化的方法，对风险管理、风险控制进行评估，进而提高企业效率。

7. 总经理

总经理是公司业务执行的最高负责人，由股东或职业经理人担任。总经理直接向董事长汇报，负责公司总体的经营和管理。

董事长定战略，总经理管执行；董事长设目标，总经理做计划；董事长造梦，总经理圆梦；董事长分钱，总经理赚钱。很多企业之所以经营不好，归根结底还是组织结构的问题，董事长和总经理分工不清、责任不明，甚至很多公司的董事长和总经理就是同一个人。

第三节

营销中心如何分工？

营销中心是公司里负责赚钱的部门。公司要想活下去必须有持续的收入，也就必须有人能把产品或服务卖出去。

接下来，我们分析一下营销中心。该中心由总经理直管，最高管理人员为营销总监。（图10）

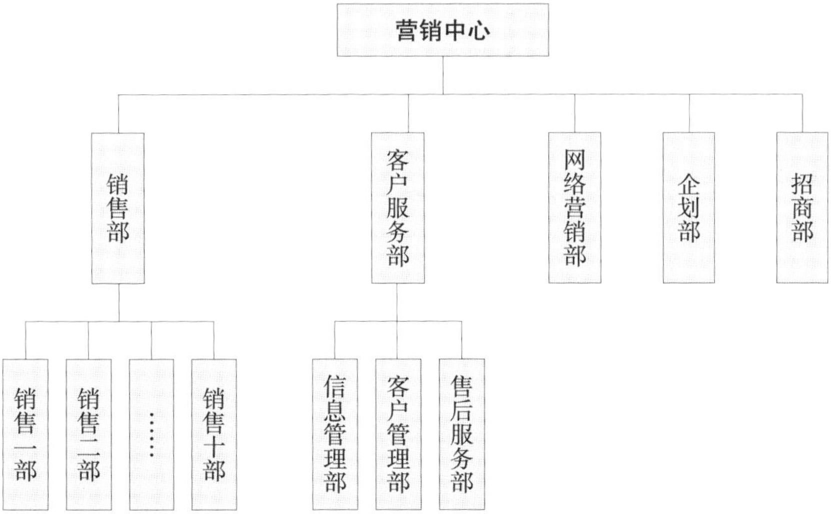

图10　营销中心组织架构

营销中心是负责赚钱的部门，其部门权限和职责划分见表2。

表2　营销中心的责权划分

部门权限	1. 战略目标制定与公司重大事项的参与权 2. 销售目标达成的经营决策权 3. 产品改进的建议权 4. 对下设各部门的管理权 5. 营销中心内部人员的编制与人事任免权 6. 营销中心内部各岗位的考核、奖惩权
部门职责	1. 达成企业销售目标、市场占有率目标等与业绩相关的战略目标 2. 开展市场调研工作，预测客户需求，研究产品销售情况，积极开拓各项销售业务 3. 将业绩目标分解至下属各部门，编制年度、季度及月度销售计划 4. 研究制定市场营销与客户关系管理策略并组织实施 5. 负责客户订单的评审以及合同执行过程中的管理 6. 建立客户档案，对客户的需求信息进行收集和分析 7. 对客户资料以及销售信息和资料的归档管理 8. 为公司产品的研究开发提供咨询与建议 9. 负责产品的交付，完善客户服务体系 10. 产品售后信息反馈 11. 制订市场推广、企业策划方案并组织实施 12. 销售中心财务预算与成本管控 13. 协助公司财务部门进行产品成本核算

一、营销中心的主要职责

1. 营销模式的设计及营销流程的建设

营销模式就是企业把产品卖出去的方式。营销模式有很多种，比如，加盟连锁、电话营销、开设淘宝店、三级分销、直播带货……不同的营销模式有不同的特点，营销中心的主要任务是找到最适合企业发展的营销模式。

营销总监的主要工作是设计销售模式和销售流程，很多公司的营销总监只是挂职营销总监，并没有完成营销总监的本职工作，这是企业的不幸。

2. 销售分公司的开设及管理

根据市场开发的需要，在其他地区开设销售分公司，或根据公司内部销售人员的晋升情况，裂变出销售分公司。

3. 公司业绩实现的第一责任人

营销中心必须想尽办法把公司的产品卖出去，把钱收回来。

4. 营销人才的培养及销售团队的建设

要不断地招兵买马，打造强大的销售队伍。

5. 客户服务及销售风险管控

产品促销必须按照公司常规的流程进行。常规流程是营销总监提出促销方案，向总经理进行汇报；总经理如果认为促销方案可行，可向董事会提案，董事长把促销方案交由财务部进行测算；如果财务数据符合公司标准，董事长认可促销方案后，交由总经理执行。总经理则需要调配相关资源配合营销总监完成促销方案。

整个过程看似复杂，但在实际操作中多以会议的形式进行，董事长、总经理、营销总监、财务总监等相关人员参会，对促销方案进行研讨论证，会上确认，会后执行。

很多公司的促销方案都是老板拍脑袋决定的，没有研讨，也没有测算，最后执行完一算账，发现公司做亏了，白忙一场。

二、营销中心的部门设置

1. 销售部

销售部的责权划分见表3。

表3 销售部的责权划分

部门权限	1. 销售目标制定参与权 2. 部门内部员工的考核权 3. 部门内部员工的任免建议权 4. 部门内部工作开展的自主权 5. 要求相关部门配合权
部门职责	1. 接受并完成销售目标、客户开发目标、市场占有目标 2. 销售目标分解及销售计划安排 3. 部门费用预算、成本管控工作 4. 拟订销售工作计划及时间进度，以期达成或超额达成销售目标 5. 负责新市场、新客户的开发，以及原有客户的精细化管理和维护工作 6. 负责搜集渠道内潜在客户信息，完成潜在客户筛选和开发准备工作 7. 负责应收账款的安全回收工作 8. 提供客户服务建议 9. 负责打造销售团队

2. 客户服务部

客户服务部的责权划分见表4。

表4 客户服务部的责权划分

部门权限	1. 企业产品策略、营销策划的参与建议权 2. 部门内部员工的考核权 3. 部门内部员工的任务建议权 4. 部门内部工作开展的自主权
部门职责	1. 客户资料收集与管理 2. 客户分类服务与管理，建立客户回访制度并监督实施 3. 高效处理客户投诉 4. 与各部门密切沟通，参与营销活动，协助市场销售 5. “孤儿客户”的管理与再消费 6. 接听客户来电，跟踪售后处理结果 7. 对客户进行分析，为各部门提供相关支持

3. 网络营销部

网络营销部的责权划分见表5。

表5 网络营销部的责权划分

部门权限	1. 企业宣传推广策略、营销策划的参与建议权 2. 部门内部员工的考核权 3. 部门内部员工的任免建议权 4. 部门内部工作开展的自主权 5. 要求相关部门配合权
部门职责	1. 网络宣传推广平台及电商平台的开拓、建设及日常运营 2. 电商平台销售目标分解及销售计划安排 3. 网络活动营销策划和实施 4. 部门内的费用预算与成本管控 5. 有效达成网站、微信公众号或其他网络平台的访问量等相关推广指标，并不断探索新的运营思路和推广方法，扩大品牌影响力 6. 负责打造网络营销团队，制订人员需求计划和人才发展规划 7. 定期安排部门人员进行培训，不断提升人员的综合素质和专业能力

4. 企划部

企划部的责权划分见表6。

表6 企划部的责权划分

部门权限	1. 企业文化制定、产品策略、营销策划的参与建议权 2. 部门内部员工的考核权 3. 部门内部员工的任免建议权 4. 部门内部工作开展的自主权 5. 要求相关部门配合权
部门职责	1. 创造性地优化企业资源 2. 进行市场调研，收集行业市场信息，研究行业发展动态，为企业高层决策提供战略资料和信息 3. 协助企业高层设定愿景目标，并对愿景目标进行系统的阶段性规划 4. 提供企业公关活动的策划方案，并组织实施 5. 负责组织制订公司全年营销计划，并分解落实完成 6. 负责公司品牌建设和管理工作，审定各项关于宣传推广品牌形象的公关活动方案 7. 负责部门内的费用预算与成本管控 8. 负责广告公司的业务审批工作，按计划合理支配、使用公司批准的广告经费 9. 负责公司形象宣传策划，组织撰写宣传推广文案、广告创意设计等

5. 招商部

招商部的责权划分见表7。

表7 招商部的责权划分

部门权限	1. 企业经营决策的参与建议权 2. 部门内部员工的考核权 3. 部门内部员工的任免建议权 4. 部门内部工作开展的自主权 5. 要求相关部门配合权
部门职责	1. 接受并完成招商目标、代理商开发目标、市场占有目标 2. 制订总体招商方案及各阶段招商计划，并组织实施 3. 部门内的费用预算与成本管控 4. 代理商的招募、洽谈、审核、管理、监督和指导 5. 与代理商签订合作协议，并监督协议和有关政策的落实，确保代理商的良性发展 6. 协助代理商解决市场需求、产品信息等相关问题 7. 协助代理商进行市场推广，发展业务团队，定期组织人员培训

第四节

产品中心与行政中心如何分工？

产品中心能让公司做大，行政中心能让公司做强。绝大多数公司管理不善，主要问题出在了行政中心上。

接下来，我们分析一下产品中心。该中心由总经理直管，常规岗位包括产品总监、厂长、车间主任、部门经理、工程师等。（图11）

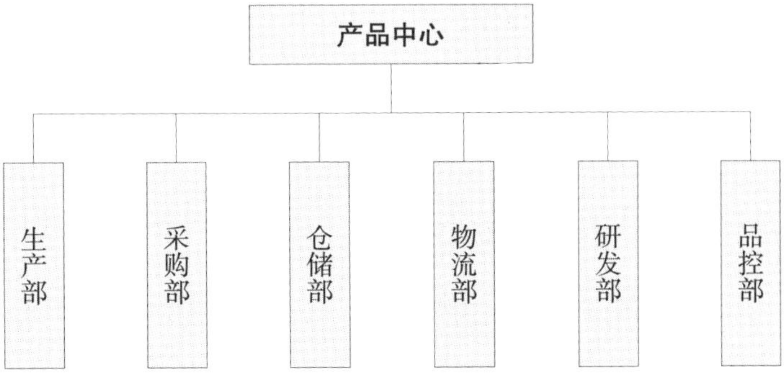

图11　产品中心组织架构

拥有好卖的产品，企业才能做大做强，因此产品中心是企业的发动机，决定了企业的业绩和利润，其部门权限和职责划分见表8。

表8 产品中心的责权划分

部门权限	1. 对战略目标制定与公司重大事项的参与权 2. 完成生产目标的自主决策权 3. 对产品改进的建议权 4. 对下设各部门的管理权 5. 部门内人员编制、人事任免权与各岗位考核的奖惩权
部门职责	1. 制订生产计划，掌握生产进度，按时完成生产计划 2. 合理配置人力资源，搞好生产平衡工作 3. 制定生产管理中各项规章制度与劳动纪律 4. 管理生产中的各种物资，如设备、工具、原材料等 5. 执行ISO 9001质量管理体系和ISO 14001环境管理体系，把好生产质量关 6. 控制生产费用预算，降低生产成本 7. 加强文明生产、安全施工教育，严防各种工伤事故发生和设备事故发生 8. 产品中心团队打造与管理 9. 生产现场“6S”管理（整理 Seiri、整顿 Seiton、清扫 Seiso、清洁 Seiketsu、素养 Shitsuke、安全 Security） 10. 对生产过程中的重大生产技术问题、质量问题进行分析与解决

一、产品中心的主要职责

1. 产品的供应及交付

如果公司的产品是从上游直接采购的成品，必须做好进、销、存的管理，确保客户在购买后能够第一时间收到货物。如果货物是通过物流送达的，必须确保投送准确无误，否则会导致客户满意度下降，增加退货的风险。

2. 产品研发及技术创新

产品中心需要根据客户的需求研发产品、升级技术。华为每年会将销售额的10%投入技术研发，“大脑营行”则会拿出营业额的5%用于技术研发和产品升级。如果一家公司在产品和技术上没有任何投入，未来发展壮大的可能性会非常低。

3. 原材料的采购及管理

企业做大后，必须确保原材料的供应链高效稳定，这就需要企业拥有强大的供应链管理能力。伴随大批量的企业采购，采购部会产生大量的现金交易，极易发生损公肥私的现象。为了防止贪污，有些小企业的老板亲自担任采购经理，有些则由老板的亲戚担任。但因为利益诱惑较大，即便是亲戚或者合伙人也不一定百分百可靠。

我在实践中发现，防止贪污的有效方式就是把“采”和“购”分开管理。先由“采”找到市场中符合采购标准的供应商，收集报价，再把报价单交给“购”。

假设“采”给出的最低报价是5元，“购”最终的成交价是6元，“采”可以向公司举报，如果查证后认定是“购”贪污，“购”就需要承担公司多支付的采购费用，而这笔钱公司将全部奖励给“采”。另一种情况是，“采”给出的最低报价是5元，但“购”了解到市场上的最低报价是4元，这时“购”同样可以向公司举报，从而形成双方的相互制约。

4. 仓储及物流管理

现在的物流行业非常发达，可以选择外包。但仓储管理具有很强的专业性，如果没有一定的基础知识，可能会给公司带来巨大的损失。很多企业财务系统不完善，库存管理也相对混乱，就会导致企业经常出现产品积压或商品过期的情况。我有一个浙江的学员，做纺织品生意，刚创业时，仓库面积只有200平方米，现在的仓库面积扩充到2000平方米依然不够用，赚的钱基本都投在仓储上了。

5. 事业部建设及技术人才管理

当公司需要研发一款新的产品或开始一个新的项目时，需要招聘技术开发人员，成立一个新的事业部，进行独立核算。

二、产品中心的部门设置

1. 生产部

生产部的责权划分见表9。

表9　生产部的责权划分

部门权限	1. 对生产目标的建议权 2. 对下设各岗位的管理权 3. 部门内人员编制、人事任免权与各岗位考核奖惩权
部门职责	1. 根据生产计划，全面负责生产目标的完成工作 2. 合理组织人员及物料的调度安排，按时完成公司下达的各项生产任务 3. 各类生产报表的汇总分析，为技术部、销售部提供建议 4. 对生产部所有设备的管理，如车间设备的购置申请、设备验收以及日常维护与保养等 5. 生产部团队的打造、培养与管理 6. 负责生产现场“6S”达标工作（整理 Seiri、整顿 Seiton、清扫 Seiso、清洁 Seiketsu、素养 Shitsuke、安全 Security） 7. 做好生产现场的安全生产工作

2. 采购部

采购部的责权划分见表10。

表10 采购部的责权划分

部门权限	1. 对供方进行筛选与评估的权力 2. 产品报价、物料计划、采购订单的审核权 3. 对销售、生产、技术部门提出合理化建议权 4. 对下设各部门的管理权 5. 内部人员编制、人事任免权与各岗位考核奖惩权
部门职责	1. 搜集、分析、汇总及考察评估供应商信息，建立供应商资料库并定期更新 2. 了解原材料市场价格动向，提前做好采购计划并实施采购 3. 签订和送审小额采购合同 4. 负责所有物料采购单的下达、交期跟催、呆滞料处理、品质异常处理及配合财务对账 5. 整理货物入库相关单据，配合库房完成采购货物的入库手续 6. 编制单项采购活动的分析总结报告 7. 采购流程、制度的编制与完善 8. 要求供方报价并议价，降低采购成本，提升企业利润空间 9. 保证采购物品质量

3. 仓储部

仓储部的责权划分见表11。

表11　仓储部的责权划分

部门权限	1. 对仓储物资出入库的审核权与提货顺序建议权 2. 对仓储物资的管理权 3. 对存货上、下限的预警权 4. 对下设各部门的管理权 5. 内部人员编制、人事任免权与各岗位考核奖惩权
部门职责	1. 制定、审核、监督执行物料管理制度与库存管理操作流程 2. 根据送货单、采购单及进仓单验收物品，办理入库手续 3. 根据流程与出库单进行生产发料和成品出仓 4. 按货物类别、性状、特点等合理规划区域，明确标识，建立存储卡，码放整齐，良性保管，达到仓库“6S”管理标准（整理 Seiri、整顿 Seiton、清扫 Seiso、清洁 Seiketsu、素养 Shitsuke、安全Security） 5. 日常进出单据核对保管，统计表数据处理及核对，定期盘点，与财务部对账 6. 负责仓库安全管理，定期巡查物品的储存质量并及时上报，对进出仓库人员的管制 7. 对仓储设施、仓储物资的管理、保管 8. 对仓库物品存量上、下限的控制

4. 物流部

物流部的责权划分见表12。

表12 物流部的责权划分

部门权限	1. 对物品出入库的建议权 2. 对运输车辆使用的自主权 3. 对下设各部门的管理权 4. 内部人员编制、人事任免权与各岗位考核奖惩权
部门职责	1. 根据出入库订单，制订出车计划，并监督货物按时送达 2. 对货车进行管理，负责定期维护保养、车辆保险等事宜 3. 负责行车的安全管理 4. 协助库房进行物品搬运、码放工作 5. 对出库物品的数量、质量进行检查

5. 研发部

研发部的责权划分见表13。

表13 研发部的责权划分

部门权限	1. 对产品设计方向选择的建议权 2. 开展设计工作的自主权 3. 对设计方案的审核权 4. 部门内人员编制、人事任免权与各岗位考核奖惩权
部门职责	1. 负责制定企业各产品的质量检验标准 2. 负责新产品开发、研制、技术鉴定工作 3. 负责编制企业技术改造方案与实施计划 4. 制定质量控制的各种程序文件并督导执行 5. 负责根据营销部下达的生产订单要求为生产车间绘制施工图纸、料单 6. 制定“产品制作总工时表” 7. 审查批准工艺图纸、产品技术标准、技术参数等技术文件 8. 管理技术档案，协助建立企业技术资料库 9. 负责新产品专利申报、企业标准编制

6. 品控部

品控部的责权划分见表14。

表14　品控部的责权划分

部门权限	1. 产品质量判定权 2. 对下设各岗位的管理权 3. 对生产过程中的产品抽检与问题上报权 4. 部门内人员编制、人事任免权与各岗位考核奖惩权 5. 对提升产品质量的建议权
部门职责	1. 原材料、半成品、产成品、外购产品入库前的质量检验 2. 制订产品质量提升计划（含原材料），并监督实施 3. 负责公司质量管理体系的正常运作 4. 负责公司质量文件的控制、管理 5. 负责对产品的标识状况、可追溯性状况进行监督控制 6. 组织对公司成品和原材料库存超期质量状况进行判定及控制 7. 负责检验文件的编制并监督执行情况 8. 不合格品的控制、统计和分析 9. 配合销售部与客服部做好售后服务工作 10. 组织公司内审人员培训及公司全体员工全面质量管理知识培训

接下来，我们分析行政中心，该中心由总经理直管。（图12）

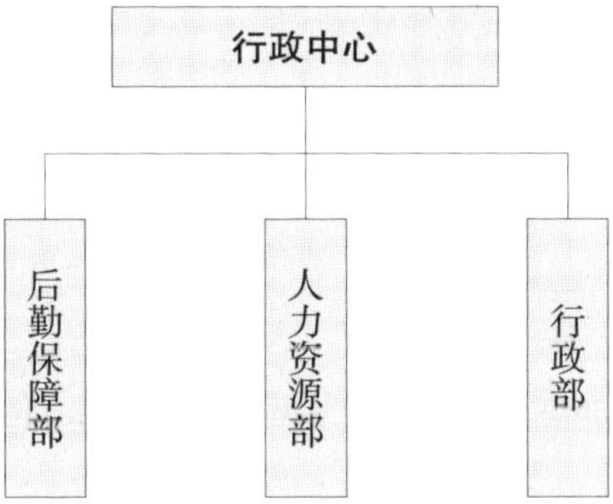

图12 行政中心组织架构

产品中心能让公司做大，行政中心能让公司做强。绝大多数公司管理不善，主要问题出在了行政中心上，行政中心的部门权限和职责划分见表15。

表15 行政中心的责权划分

部门权限	1. 对战略目标制定与公司重大事项的参与权 2. 对企业用人计划的建议权与决策权 3. 对下设各部门的管理权 4. 内部人员编制、人事任免权与各岗位考核奖惩权
部门职责	1. 建立健全公司人力资源管理与行政管理制度 2. 执行企业人力资源管理职能，健全组织系统 3. 保证企业内部行政职能的运转顺畅，为各部门提供辅助支持 4. 负责企业人员供给，保证岗位编制达标 5. 负责公司后勤管理工作 6. 负责外联事务的管理和公关协调 7. 负责公司办公设备及物料的管理，确保公司资产及物料配置及时、合理有效地使用 8. 组织文件草拟、下发、传阅、控制等管理工作 9. 制定部门预算报告，进行成本管控 10. 对员工进行公司规章制度等相关内容的培训

一、行政中心的主要职责

1. 保证公司正常的运营流程及系统建设

员工迟到、早退、请假的处理及入职、辞职、培训等都是公司日常运营的基本事务，都在行政管理的管辖范围内。

2. 做好销售和生产的连接

通常产品中心认为自己研发的产品很好，卖不出去是营销中心的问题；而营销中心则认为产品不好卖，主要是因为产品中心生产的产品不行。因此，行政中心需要协调产品中心和营销中心的关系，成为双方沟通的桥梁。

3. 做好企业内部制度建设和人才培养体系建设

薪酬的制定、人员的晋升、绩效的考核、员工的激励与奖惩都是行政中心的工作。很多公司由老板对员工进行惩罚，这会激化双方的矛盾，让老板左右为难。处罚员工由行政中心负责，老板要做的就是收买人心、发放奖励，这样员工才会喜欢老板、喜欢公司、喜欢自己的工作。

4. 制度文化的探讨、拟定、颁布与落实

行政中心是公司文化的落实者和公司制度的捍卫者，需要配合总经理制定各项规章制度，并确保制度的执行落地。

5. 企业活动组织

如公司年会、运动会、旅游、团建等活动的策划和执行。

6. 各类企业资质办理

相关执照、资质、证书、商标的办理。

二、行政中心的部门设置

1. 后勤保障部

后勤保障部的责权划分见表16。

表16 后勤保障部的责权划分

部门权限	1. 对员工违反后勤制度的处罚建议权 2. 对下设各部门的管理权 3. 内部人员编制、人事任免权与各岗位考核奖惩权
部门职责	1. 负责公司安保工作 2. 负责公司环境保护与厂区绿化工作 3. 负责公司员工宿舍管理、食堂管理工作 4. 负责后勤保障物资采购管理工作 5. 负责公司浴室、医务室管理工作

2. 人力资源部

人力资源部的责权划分见表17。

表17　人力资源部的责权划分

部门权限	1. 对企业用人计划的建议权 2. 对员工调配、奖罚的建议权与提名权 3. 对违反公司人事规章行为的处罚权 4. 对人力资源管理制度的解释权 5. 对员工考核数据与事项的核实权 6. 对员工投诉的受理权 7. 对下设各部门的管理权 8. 内部人员编制、人事任免权与各岗位考核奖惩权
部门职责	1. 根据企业战略规划，制订人力资源规划，修订企业人力资源管理制度 2. 负责人员招聘与录用手续、任免与调配、考勤管理、离职手续办理等工作 3. 分析各部门人员变动情况，掌握人员需求 4. 负责制定、调整企业人事政策，进行日常人事管理 5. 负责建立企业培训体系，制订年度培训计划并监督实施，跟进培训效果评估 6. 制定人事考核制度，建立绩效考核标准并监督实施 7. 负责员工保险和薪资福利制度的制定、调整与执行 8. 负责员工工资的计算与发放 9. 负责组织系统各大模块的修订、完善与推广 10. 负责企业员工职业生涯规划体系的建立 11. 负责企业文化的内部宣传推广

3. 行政部

行政部的责权划分见表18。

表18　行政部的责权划分

部门权限	1. 对办公用品采购的分组决策权 2. 对企业流程改进的建议权 3. 对下设各岗位的管理权 4. 内部人员编制、人事任免权与各岗位考核奖惩权
部门职责	1. 负责接听电话、接待来访 2. 负责文件制作、发放及档案管理工作 3. 负责公司例会的组织与纪要工作 4. 负责公司车辆的使用、维护与管理工作 5. 负责日常制度监管工作 6. 负责行政管理制度的建立与完善 7. 负责各部门的沟通与协助工作 8. 负责企业外联工作 9. 负责企业日常用品采购与管理工作 10. 负责公司证照年检及资质审核工作 11. 负责公司内部突发事件的协调工作 12. 负责公司资产安全工作

第三章

人才没选对，努力全白费

很多老板不会管理员工，想尽办法四处学习。其实管理的前提是选对人，而不是改变人。企业最害怕的就是选错人，人才没选对，努力全白费。

第一节

只有做好工作分析，才能找对人、做对事

工作分析是人才管理的基础，岗位职责的设计是否科学，将直接影响企业人才管理的科学性和有效性。在一个企业中，设置什么岗位、多少岗位、每个岗位多少人，都依赖于工作分析的结果。

组织架构决定了部门分工，部门分工决定了岗位分工，有了岗位就有了责、权、利的划分，也就知道需要招什么样的人，最终才能做到人才和岗位相匹配。

要想提升工作效率，必须明确岗位分工。要想明确岗位分工，必须做好工作分析。**工作分析的作用是帮助企业明确岗位职责，解决各项工作由谁来做和做什么的问题。**只有率先做好工作分析，才能知道企业为什么招人，人招进来以后做什么。

企业在成立之初，员工数量比较少，工作上可以通过默契或者高频的沟通来完成。但是随着员工数量的不断增加，就会出现某些工作无人负责或者某些工作被重复执行的问题，此时的默契和沟通很难再

起到作用，工作效率就会变低。

企业中是否会经常出现以下情况：

（1）企业总是招不到新员工，即使招来了能力也达不到要求。

（2）有些员工从早忙到晚，天天加班；有些员工无所事事，天天喝茶聊天。

（3）有些工作没人负责，耽误事儿；有些工作重复完成，有功大家争，有责没人领。

（4）管理者很难准确评价下属的工作是完成得好，还是完成得不好。

之所以会出现以上这些问题，主要是因为企业没有明确界定员工的岗位职责，没有做好工作分析，不知道公司需要多少名员工，每名员工的最大工作量又是多少。工作分析可以帮助企业减少人为因素所导致的影响，由管理者下达命令变为由“工作分析表”来约定，使得管理更加规范。

工作分析解决了由谁干和干什么的问题，为各岗位工作做出了清晰的界定。

工作分析规定了每个岗位的任职资格和工作内容，这就要求企业依据工作分析去招聘相关人员，规避了因人设岗的问题。更重要的是，工作分析清晰界定了各岗位的工作职责，将各项工作分配给相应的岗位，结合岗位工作量的饱和度，避免了有人无事可做、有人分身乏术的不平衡现象，实现人人有事做、事事有人做的管理目标。正是因为有了清晰的岗位界定，工作中的职责交叉和职责空缺问题也就迎刃而解，避免了因工作边界不清所导致的推诿扯皮。

在大多数企业中，通常是管理层承担了较大的责任，但老板却没有进行权力的下放，事事都要管，这也就是为什么公司员工很多，但老板依然辛苦的原因。老板的真正价值应该体现在企业的整体规划上，在战略层面设计企业的未来。随着企业的不断扩大，老板必须学会授权，学会用系统管理，通过工作分析明确权力分配体系，将岗位的权力与责任进行清晰的界定，权力越大，责任就越大。（图1）

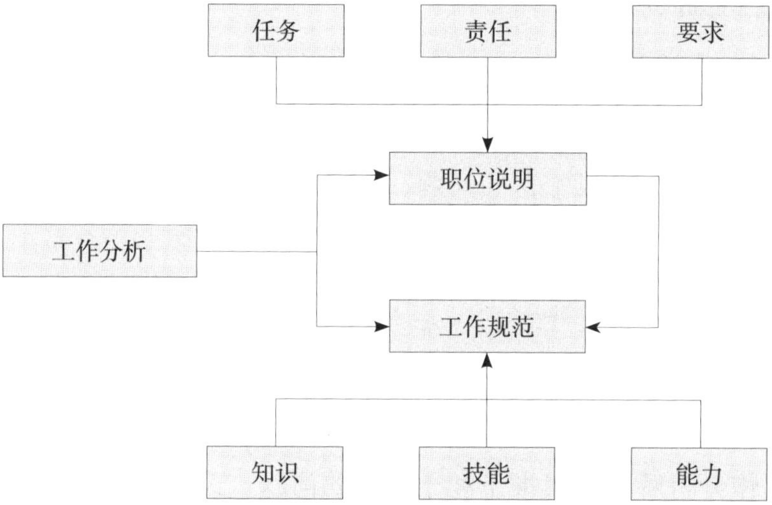

图1　工作分析流程

工作分析就是明确员工该干什么，什么样的人可以胜任这个岗位。

通过工作分析，我们能清晰地看到岗位职责的细化标准，从而依据岗位职责的内容与权限范围进行岗位薪酬的测算，为绩效考核提供有力的依据和指标。可以说，工作分析是企业规范化管理的必要条件。

因此，在进行有效的人员分工前，必须给每个岗位制定明确的岗位说明书，内容如下：

（1）基本资料：

包括岗位名称、岗位工作编号、汇报关系、直属主管、所属部门、工资等级、工资标准、所辖人数、工作性质、工作地点和岗位分析。

（2）工作概述：

简要说明岗位的工作内容、时间占比、工作权限和执行依据等。

（3）工作责任：

包括直接责任与领导责任，要逐项列出任职者的工作职责。

（4）工作资格：

任职所具备的基本条件，主要包含学历、性格、体力要求以及其他方面的要求等。工作资格包括必备资格和理想资格，其中必备资格是完成工作要求的最低资格，理想资格则是在必备资格的基础上，希望具备的某些条件。

（5）发展方向：

在部分企业的岗位说明书中还会加入岗位的发展方向，明确企业内部岗位间的相互关系，有利于员工明确发展目标，将自己的职业生涯规划与企业发展结合在一起。

客户中心——客户支持岗位说明书（范本）

一、基本资料　　　资料编号：客001

1. 职务名称：客户支持	2. 直接上级：客户总监	3. 所属部门：客户中心
4. 工资等级：B职系五等	5. 工资水平：	6. 分析日期：
7. 辖员人数：	8. 定员人数：1人	9. 工作性质：业务人员
10. 分析人员：	11. 批准人：	

二、工作内容

1. 工作概要

负责客户中心客户的管理和支持

2. 职务说明（逐项说明工作任务、职责、权限、时间消耗）

编号	工作内容及职责	权限	耗时（%）
1	接听电话并记录电话来访的客户档案	负责	
2	分配有需求的电话客户给销售代表	决定	
3	检查销售工程师的工作进度，并把工作进展情况记录到电话来访的客户档案中	负责	
4	检查上一周所有未成交的客户，并注明未成交的原因，交给上级主管	执行	
5	处理顾客的信息咨询，简单的询价	负责	
6	处理顾客的售后服务及技术事宜，将需要服务或支持的用户信息转交给相关负责人，并跟进其进展情况	负责	
7	录入每周成交的客户档案及一些重要用户或有潜能用户的档案	负责	
8	协助其他客户中心工程师的日常工作 · 保持专卖店场地卫生、整洁 · 上下班时检查电源及电脑 · 保管库存清单并确保销售代表知悉库存状态 · 销售代表外出时的联络及信息传达 · 收发传真，邮寄资料 · 提交每日工作报告	协助	
9	完成客户总监临时交办的工作	执行	

3. 工作关系

<table>
<tr><td>所施监督</td><td colspan="2">在规定的权限内，自行处理有关事宜，遇特殊事件，向客户总监请示</td></tr>
<tr><td>所受监督</td><td colspan="2">客户总监</td></tr>
<tr><td rowspan="3">职位关系</td><td>可直接升迁的职位</td><td>客户支持经理</td></tr>
<tr><td>可相互转换的职位</td><td>业务部门客户支持、行政秘书、销售代表</td></tr>
<tr><td>可升迁至此的职位</td><td></td></tr>
</table>

三、任职资格

<table>
<tr><td colspan="2" rowspan="2">所需学历及专业</td><td colspan="4">最低学历</td><td colspan="2">专业</td><td colspan="7">其他说明</td></tr>
<tr><td colspan="4">大专以上学历</td><td colspan="2">计算机</td><td colspan="7">其他专业同等学历也可以</td></tr>
<tr><td colspan="2" rowspan="2">所需技能培训（方可上岗）</td><td colspan="4">培训时间</td><td colspan="9">培训科目</td></tr>
<tr><td colspan="4">三个月</td><td colspan="9">计算机、市场营销、企业文化</td></tr>
<tr><td colspan="2">所需经验</td><td colspan="13">一年以上相关工作经验</td></tr>
<tr><td rowspan="2">一般能力</td><td>项目</td><td>激励能力</td><td>计划能力</td><td>人际关系</td><td>协调能力</td><td>实施能力</td><td>信息能力</td><td>公共关系</td><td>冲突管理</td><td>组织人事</td><td>指导能力</td><td>领导能力</td><td>沟通能力</td><td>市场能力</td></tr>
<tr><td>需求程度（满分为5）</td><td></td><td></td><td></td><td></td><td></td><td></td><td></td><td></td><td></td><td></td><td></td><td></td><td></td></tr>
<tr><td>基本素质</td><td colspan="6">1. 一定的计算机软硬件知识
2. 全面的市场营销知识
3. 较高的销售技巧与公关技巧
4. 吃苦耐劳、良好的职业道德与敬业精神
5. 善于接受新知识，学习能力较强</td><td>个性特征</td><td colspan="7">1. 性格开朗、自信、热情
2. 有较强的沟通能力、口才好
3. 心理承受力强，敢于接受挑战和压力，有开拓创新能力
4. 有合作精神
5. 心胸开阔</td></tr>
</table>

续表

体能要求： 身体健康，能承受快节奏、高强度的工作

四、工作场所

工作时间	工作环境和条件	工作均衡性
早9：00-晚5：30，经常加班	室内	比较忙碌

五、考核标准

1. 工作绩效	2. 工作态度	3. 工作能力	4. 专业知识	5. 责任感
6. 发展潜力	7. 企业文化	8. 协调合作	9. 品德言行	10. 成本意识

六、备注

直接上级：　　　　　　　　该职务执行人：

年　　月　　日

招人不如留人，留人不如激发人，激发人不如选对人。老板的核心任务就是选人、育人、留人和用人。对应的工作是招聘、培训、薪酬和职业生涯规划。

很多老板不会管理员工，只知道四处求学提升自己，想尽办法改变员工。其实管理的前提是选对人，而不是改变人。公司要想轻松管理，最好的方式就是选对人。人才没选对，努力全白费。那什么样的人算是对的人？有两项关键的指标：

（1）价值观与公司的文化相匹配；

（2）能力与公司的岗位要求相匹配。

很多人对价值观一知半解，这里我和大家简要说明一下。简单来说，价值观就是一家公司必须坚守的底线、行为准则，也就是什么事情能做，什么事情不能做，什么是对，什么是错。

比如一家公司的企业文化就是赚钱，只要能收到钱，客户的一切要求都可以满足，那么这家企业的价值观就是收钱为王，一切以业绩为导向；再比如一家公司的企业文化是守信，如果客户提出的要求确实做不到，绝不会欺骗客户，那么这家公司的价值观就是诚实守信，一切以真诚为导向。

公司倡导什么样的价值观就会吸引什么样的员工。相同价值观的人有着同样的行为底线，可以自我管理，因此找到价值观一致的员工可以降低沟通成本和管理成本。“道不同不相为谋”中的“道”，指的就是价值观。

企业规模很小的时候，价值观的作用也许并不明显，团队更多的是通过利益进行绑定。但随着企业慢慢做大，员工在物质方面已经得到了满足，这时价值观的重要性便开始逐步显现。

以“大脑营行”为例，前期为了快速发展，公司的重点放在了运用各种机制激发员工的动力上，通过利益进行企业管理。但随着企业人数超过500人，原有机制不再能解决企业中所有的经营管理问题，就需要在满足物质需求的基础上，加强精神文明的建设。因此，我重构了“大脑营行”的使命、愿景和价值观，希望“大脑营行”成为一家为社会不断创造价值、贡献力量的企业。（图2）

图2 “大脑营行”企业文化

“大脑营行”要想达成“一站式解决企业经营管理难题”的使命，必须有一群正直的人，共同坚守七大核心价值观——“客户第一、团队合作、积极向上、迎接变化、诚实守信、感恩奉献、结果为王”，这样才能践行“提升民族素质、促进经济发展、推动社会进步”的宗旨，从而实现“成为最受尊敬的公司，存活300年”的愿景。

以前上管理课时，总是听老师说：企业文化就是老板文化，老板是什么样的，企业就是什么样的。过去我对这句话一知半解，当了这么多年老板之后，我才理解这句话的真正含义。老板必须要把坚守的价值观植入每一位员工心中，达成共识，拥有同样的评判标准，才能确保方向的一致性。

很多情况下，员工处理不了的事情，到老板这里就可以被轻易解决。其实，并不是老板的能力比员工强多少，而是员工不知道自己的处理方式是否正确，害怕承担责任，所以不敢轻易做决定。而老板因为有明确的价值导向，所以能当机立断。

例如，“大脑营行”的价值观之一是客户第一，详细的诠释是客户第一、员工第二、股东第三。对这一价值观更直白的解读就是，当员工利益和客户利益发生冲突时，优先保护客户利益；当股东利益和员工利益发生冲突时，优先保护员工利益。

再比如以服务制胜的海底捞，客人本想打包没有吃完的西瓜，但服务员却说不可以，结果转头就给客人打包了一个完整的大西瓜。这位服务员不但没有被公司处罚，反而得到了表扬，因为海底捞的价值观就是客户第一，一切能让客人满意的服务都是正确的。

企业的价值观不仅仅是贴在墙上的文字，而是要反映在每一位员工的言谈举止上。老板是员工的榜样，老板对价值观的践行程度会反映在每一位员工身上。当所有员工都会用价值观衡量和评判自己的行为，承担起各自的责任，当问题的终结者，这家公司一定会越做越好。

很多老板认为企业文化是虚无缥缈的、抽象的、看不见摸不着的，其实这种想法是非常片面的。真正有价值的企业文化一定是虚实结合的，既有战略层面的远大抱负，又有执行层面的诠释和行为描述，从而帮助企业从上到下达成共识，统一方向。

接下来我们就以“客户第一”为例，分享一下价值观的制定标准和行为描述。（表1）

表1　价值观标准——客户第一

分数	标准	诠释
1分	尊重他人，随时随地维护“大脑营行”形象	人与人之间没有等级之分，尊重他人是“大脑营行”员工最基本的素养
2分	微笑面对投诉和受到的委屈，积极主动地为客户解决问题	不管是接到客户投诉，还是受到委屈，大脑人必须先微笑，并积极主动地帮助客户解决问题
3分	客户第一，即使不是自己的责任也不推诿，做事情的终结者，给客户最好的服务体验	客户的问题是所有大脑人的问题。只要接到客户投诉，不管是不是自己的客户，不管是不是自己的问题，都要第一时间进行处理和反馈
4分	站在客户的立场思考问题，在坚持原则的基础上，实现客户满意、公司满意。把为客户提供价值当作最重要的核心点	既要站在客户的立场上思考问题，也要遵守公司的规定，让客户和公司都满意。如果公司不满意，或者客户不满意，都不算好的结果
5分	洞察客户需求，探索创新机会	除非对公司有特别杰出的贡献，不然很难拿到此项分数

在价值观标准中增加诠释，是为了帮助员工更好地理解价值观的执行标准。但仅有执行的标准还不够，很多员工还是不能具象地了解价值观在执行层面如何做，还需要给出行为描述，也就是具体的执行案例，通过不断复盘，达成价值观的统一。（表2~7）

表2 “客户第一”0分行为描述

分数	案例
0分	业务员A在反复与客户沟通后，客户并没有购买后续课程。员工A和员工B在电梯里当着其他人的面谈论客户，抱怨客户无心购买，浪费自己的时间
	业务员A多次给客户发信息及语音，客户觉得被骚扰，直接删除业务员A的微信。业务员A不但没有自我反省，反而在重新添加客户为好友后，辱骂客户，给公司抹黑
	客户因为资金周转困难，想退回还没有上过的课程报名费，多次向客服经理A提出申请。但客服经理A只考虑自身的利益，不仅反复拖延，而且欺骗客户上课一天后才能退款，严重损害公司的形象和信誉
	公司多名销售人员为了赚快钱，未经公司允许私自接受其他公司的金钱，在销售员所负责的微信公众号上投放与公司无关的广告，导致客户上当受骗，造成巨大的财物损失，同时也给公司的形象带来了巨大的伤害，让粉丝失去了对公司微信公众号的信任
	印度游学，由于工作人员检查不仔细，未能发现签证页存在问题，没有及时处理，导致三位学员无法如期出行，经过协商给予客户双倍补偿。虽然客户接受了赔偿，但不代表客户满意，给客户造成了极其不良的影响
	业务经理A因为工作失误弄丢了代理商的发票，推脱责任，反复拖延，导致代理商工资无法发放，严重影响公司信用，经公司查证属实，降级处理
	课程现场，学员想要报名课程，直接通过微信把报名费转账给客服经理A。客服经理A没有及时将钱退还给客户并告知正确的报名流程，而是自己收款后帮助客户报名，严重违反公司原则，被公司罚款双倍收款金额

表3 “客户第一”1分行为描述

分数	案例
1分	业务员A看到课程现场有三位盲人学员，主动照顾他们就餐，并确保出行的安全和便利
	课程现场，客户将手机忘在了签到台。签到组成员A知晓后，及时联系客户，并在完成签到工作后的第一时间把手机送还给客户
	课程期间，学员晚上突然肚子疼，走不了路，会务组成员A听到消息后，第一时间开车将学员送到医院，检查无恙后才返回酒店休息
	学员在课程期间因膝关节拉伤无法走动，服务经理A在得知情况后，亲自跑到药店买药送到客户手中，并无微不至地照顾客户，让客户非常感动
	课程结束后很多学员想要参观“大脑营行”，但公司规定周末不安排参观，考虑到客户来一趟不容易，行政部和销售部的员工顶着暴雨接待客户，让客户体验到宾至如归的感觉
	课程现场学员忘记带胸牌，虽拿出身份证进行证明，但按照公司规则，无胸牌者不得入内，结果客户当众抱怨公司制度不完善。业务员A微笑着和客户讲解公司制度和岗位职责，客户觉得有道理，进而更加尊重公司

表4 “客户第一”2分行为描述

分数	案例
2分	客户部员工A负责接听400-700-5058的官方客服电话，经常会遭到客户的谩骂，但她依然能耐心地引导客户，化解他们的情绪，帮助客户解决问题，不抱怨，不推诿，努力做到让客户满意
	代理商投诉一直没有收到合同，客服经理在了解情况后，第一时间与代理商对接，补发合同，并协助代理商完成了合同的签署，在财务核算的规定时间内，进行了结算
	孩子在课程期间和其他学员打闹，课后打电话向爸爸哭诉自己被人欺负，家长非常担心孩子的安全，向助教A投诉。助教A首先安抚家长的情绪，并立刻到孩子房间了解情况，在确认只是孩子间的玩笑后，第一时间进行反馈，并持续和家长沟通孩子的生活情况，让家长安心
	孩子在课程期间，无理地将果汁泼在助教身上，助教并没有对孩子大发脾气，而是耐心地跟孩子沟通，纾解他的情绪，最终解除误会，赢得了孩子的尊敬

表5 “客户第一”3分行为描述

分数	案例
3分	客服部经理A一年来不分白天黑夜接听公司的官方电话。无论客户的态度多么恶劣，客服部经理A都是从容不迫地面对，为客户解决了很多疑难问题
	客户来公司参观，当天负责接待的服务经理A不在公司，没有及时对接。客服经理B偶然间遇到客户，主动带客户参观公司并进行了详细的讲解，使客户非常满意
	销售总监A在公司群里看到有客户投诉，虽然不是自己的客户，也第一时间主动联系，帮助客户解决了问题
	学员报名课程后想要在线学习，但不会在手机上操作，也不记得自己的服务经理是谁。业务员A知道后，主动联系客户进行指导，并帮助客户找到了自己的服务经理
	公司在企业群中发放通知，自2019年11月起，合作协议全部移交给财务部管辖。但依然有服务经理拿着合同到行政部盖章，行政部人员主动带领服务经理到财务部处理合同

表6 “客户第一”4分行为描述

分数	案例
4分	销售副总A和销售总监B在课程期间多次要求学员按时完成作业，但学员就是不做。按照公司规定，未能完成作业的学员不能签到上课。为此，销售副总A和销售总监B陪客户做作业直至凌晨两点
	课程期间，公司的销售冠军团队设计了现场展位的促销活动——砸金蛋。但公司领导层希望所有参展商和购买客户都能受益，决定将促销活动扩展至所有商家，达成多赢
	客户通过扫描业务员A的二维码进入公司数据库，完成了课程购买，按照公司规定，此客户理应归业务员A所有。但客户在认识业务员A前，已经和代理商B进行过课程的沟通，只不过代理商B没有给客户发成交码。业务员A在了解情况后，主动把客户让给了代理商B，虽然自己的利益受损，但为公司树立了良好的形象
	一位学员在开课前三天查出宫外孕，急需手术，想要退回支付的500元座位费。按照公司规定，开课前七天必须完成改签，逾期视为违约。业务经理A在了解客户的实际情况后，把信息反馈给了公司，帮助客户拿回了500元的座位费
	商学堂学员因火灾事故导致事业和家庭都遭受重创，服务经理A主动联系，在他的帮助下商学堂学员的产品成功入驻“大脑营行”商城。服务经理A还帮助学员设计产品介绍页，联系公司高层转发产品信息，帮助学员卖出几十万元的产品，解了燃眉之急

表7 “客户第一”5分行为描述

分数	案例
5分	年底的课程现场，只设立了45个展位，但很多学员都想要年底参展冲业绩。商旅部的员工考虑到众多学员的需求，想尽办法协调会场，并将展位增加至89个，帮助学员年底创收
	客服经理A发现客户的公司一直深陷在价格竞争中，通过和客户的深入交流，帮客户想出了礼品策略，并借助“大脑营行”商城礼品模块，成功实现了业绩倍增
	销售总监A在课程现场主动收集客户在经营中遇到的问题，帮助他们出谋划策，并花了十几个小时的时间把好的方法和策略做成PPT，给40位客户做了三场干货分享
	销售总监A发现很多学员在学习后未能很好地将内容落地，就主动创立了老板学堂，通过微信群在线给学员分享“大脑营行”的企业文化和落地机制，真正帮助学员解决了问题
	客服部在服务中了解到代理商的需求后，制作了很多工作流程图及服务资料手册，帮助代理商解决问题。同时为了让客户更好地了解公司，在课程签到当天租场地讲解实操内容，创新服务，发自内心地帮助代理商创造价值

通过以上价值观的行为描述，大家可以更具象地了解到价值观在执行层面的落实情况。为了引导员工更好地践行价值观，就必须设计一套行为指标的评判标准。行为指标是指每个岗位必须要达到的标准，也就是公司要求员工做到的程度，例如主动性、创新性、协作性、服从性、领导力、学习力等。

这些行为指标在公司选人的时候非常重要，和大家分享一个案例。

几年前，我的一个朋友向我借宾利车，想着开回老家长长脸，于是我就把车子借给了他。可是，他还完车以后，我就发现在他用车期间有六个闯红灯的违章记录。我的这位朋友是有专职司机的，司机拿A类驾照，这就证明这位司机的专业能力过关，但是他的行为指标却不合格。换句话说，这位司机拥有A类驾照，能力达到了岗位标准，但是他却多次违反交规，与公司设定的行为指标严重不符，所以这样的人就不是公司所需要的。

每家企业的战略规划及发展方向不同，因此每个岗位要求的行为指标也不同。企业可以建立行为指标库，从中选择与岗位相匹配的行为指标，从而找到最合适的人。一家企业设定的行为指标通常为5~10个，基层2个，中层2~4个，高层4个。

行为指标设定的四项原则：

（1）与企业文化相匹配，即符合企业的价值观；

（2）强调过去岗位人员因失职造成的损失，持续优化后期的行为指标；

（3）期待员工自身养成的习惯，即企业希望员工具备何种好习惯；

（4）岗位特性，即不同岗位要有不同的岗位特性。

例如，销售岗位的行为指标：

（1）有主动性；

（2）有服从性；

（3）有一定的学习能力；

（4）以客户为中心，诚实守信。

例如，人力资源岗位的行为指标：

（1）公平性；

（2）真实性；

（3）保密性；

（4）协作性；

（5）职业化。

例如，总经理岗位的行为指标：

（1）承担责任；

（2）有一定的领导能力；

（3）有一定的决策能力；

（4）职业化。

例如，会计岗位的行为指标：

（1）清财，不违反财务制度，主动接受监督，不因自身利益破坏游戏规则；

（2）忠诚，主动节省费用，不影响工作质量；

（3）保密；

（4）真实。

很多公司招聘时，是把岗位胜任力放在第一位的，但在实际工作中，价值观才是核心根本。先构建企业的价值评判体系，确定好理想人才的行为指标，然后再结合岗位胜任力，才能找对人，做对事。

为了帮助公司更好地选人，我们开发了一个工具叫“企业新员工价值观测评”，只有考试分数达到90分以上的人，才有资格来公司求职。

扫码参与“企业新员工价值观测评”

除了招聘新员工时需要测评，内部员工的晋升也需要完成价值观的测试。公司要求价值观考试分数低于90分者，不得晋升。

扫码参与“管理版员工价值观测评”

因为每个公司的价值观不同，对应的行为指标也不同，接下来列举一些公司常用的行为指标，供大家参考。

行为指标一共5级。1级对应基层员工，2级对应主管，3级对应经理，4级对应总监，5级对应总经理。级别越高，要求越高。如5级对应的是总经理，并不是说总经理只需具备第5级的指标，而是要满足1级到5级的全部指标。（表8~29）

一、管理类行为指标

表8　管理类行为指标——承担责任

1级	以结果为导向，而不是强调愿望
2级	承担责任，不推卸，不指责他人
3级	着手解决问题，减少业务流程
4级	举一反三，改进业务流程
5级	做事有预见，有防误设计

表9　管理类行为指标——清财

1级	不违反财务制度
2级	没有任何财务问题，并主动接受监督
3级	不因自身利益而破坏游戏规则
4级	主动节省费用，并不影响工作质量
5级	财务光明磊落，对其他成员产生影响力与威慑力

表10　管理类行为指标——忠诚

1级	不散布不利于公司的信息和技术
2级	在公司处于危机时不主动离去
3级	职业生涯规划与公司发展一致
4级	危机时体现本职工作的价值
5级	通过本职工作，扭转局势，创造新局面

表11 管理类行为指标——领导力

1级	合理任命员工
2级	能正确评价员工的付出与回报
3级	对员工的业绩与态度能进行客观评价
4级	精确掌握岗位工作，组织实施产生良好效果，培训员工
5级	影响力大，员工自愿追随

表12 管理类行为指标——成长认知

1级	工作失误，承认结果，不抱怨、不报复批评者与处罚者
2级	绩效分值低于平均值时，可以找出工作症结并提出建议
3级	单位周期内工作链点无失误
4级	具备角色认知，积极工作
5级	能力提升有递进性，具备明显的工作价值

表13 管理类行为指标——团队合作

1级	尊重他人，有同理心，会接纳不同意见
2级	主动分享观点和信息使团队前进
3级	支持团队领导者的决定，即使自己有不同意见
4级	愿意提供不属于自己日常工作职责范围的帮助
5级	跨边界建立关系以发展非正式及正式的工作网络

二、态度类行为指标

表14　态度类行为指标——主动性

1级	等候指示
2级	主动询问工作分配
3级	提出建议后，做出相关行动
4级	主动行动，遇偶发情况能征求意见
5级	独立行动，定时汇报结果

表15　态度类行为指标——自信心

1级	坚定，有建设性地提出观点和想法
2级	没有明确指标也能独立工作并承担后果
3级	接受困难工作的分配
4级	主动面对困境
5级	面对建设性的挑战，制定战略并取得成果

表16　态度类行为指标——商业保密

1级	知道商业技术及信息的范围及要点
2级	工作期间遵守单位保密协议，并积极宣传正面信息
3级	不进行商业性信息交易，不透露公司发展的技术及战略
4级	维护公司商业机密并有实际案例
5级	带动他人做好商业保密工作，自离职日起五年内为脱密期

表17 态度类行为指标——公平

1级	不对除下级以外的人进行指责
2级	对下级和同事进行正确的评定
3级	运用制度对工作做出正确评定
4级	主动提出他人工作中的改进方案
5级	对别人提供支持，并产生积极效果

表18 态度类行为指标——真实

1级	不指责别人，不挑起事端
2级	对工作进行真实公布，不欺骗员工
3级	承认与尊重事实，坦诚公开工作失误
4级	清晰认知能力的不足，有效提升能力
5级	有人格魅力

表19 态度类行为指标——以客户为中心

1级	提供必要服务
2级	快速解决客户提出的问题
3级	找出客户深层次的需求，并提供相应的产品
4级	成为客户信赖的对象，在保证公司利益的情况下，影响客户的决策
5级	维护客户利益，保证公司的长远利益

表20 态度类行为指标——工作服从

1级	服从上级，不抱怨
2级	服从上级，做好本职工作
3级	服从上级，对上级交代的工作提出合理化建议
4级	绝对忠诚，获得良好的工作结果
5级	无须上级下达命令，就能获得良好的工作结果

表21　态度类行为指标——服务细致

1级	完成公司KPI服务流程
2级	主动问询服务性问题
3级	执行中无客户投诉
4级	全面服务与诚实服务
5级	给客户带来意想不到的服务

三、能力类行为指标

表22　能力类行为指标——创新能力

1级	对周围事物充满兴趣
2级	勤用脑
3级	创造力=综合能力+想象力
4级	可以唤醒心中的创造潜力
5级	有奇思妙想、创新方案设计、小发明和科学小论文

表23　能力类行为指标——创业能力

1级	关心创业案例，主动与人分享商业理想
2级	有创业职业生涯规划，会主观表达
3级	掌握创业资金、产品和人才，有具体执行方案
4级	创业经历不少于一次
5级	有创业的成功经验，并总能取得成功

表24 能力类行为指标——人际关系能力

1级	接受邀请，维持普通的工作关系
2级	建立融洽关系，会讨论非工作事项
3级	较多社会性交往
4级	能与客户成为密友，拓展业务
5级	亲和力强，可以吸引不同层级的客户成为战略合作方

表25 能力类行为指标——决策能力

1级	可做出本职岗位上的决策及下级决策
2级	通过头脑风暴，可以做出正确决策
3级	无依赖思想，理性使用工具
4级	有预见性，感性与理性间的决策误差小
5级	决策超出组织预期

表26 能力类行为指标——学习能力

1级	有学习意识，但无行动
2级	主动学习
3级	自费学习，提升技能
4级	学习后用于实践
5级	学习后用于实践，并取得良好效果

表27 能力类行为指标——慎独能力

1级	工作时不做无关事宜，迫不得已时才可破例
2级	按制度与工作标准达成结果
3级	没有工作质量与业绩的扣罚记录
4级	以工作质量为目标，上级是否在场并不重要
5级	正确认知工作价值，心甘情愿地工作，超出上级期望

表28 能力类行为指标——宽容能力

1级	对失误的员工，能做到有条件地谅解
2级	对知错不改的员工进行合理处罚并进行指导
3级	具有消除误解的沟通能力
4级	通过合理的方式方法，影响员工的价值观
5级	通过激励员工，让员工极少出错

表29 能力类行为指标——职业化能力

1级	掌握岗位理论基础，处理复杂工作
2级	危机及冲突中，通过独特经验化解
3级	在没有监督的情况下，不占有不属于自己的利益
4级	从本职工作中获取快乐
5级	可以认知岗位的价值性与高尚性，内心愿意为之付出

第二节
只有确定人才画像，才能找到合适的人才

为什么很多公司总是招不到合适的人？或者说为什么招来的人总是无法达到公司的要求？原因是公司在招聘前没有分析过什么样的人才可以把工作做好，也没有分析过企业当下需要什么样的人才，只是觉得企业缺人，但又不知道企业缺什么人。

上一节我们讲了价值观和企业文化，这一节我们将重点放在胜任岗位的能力要求上。

为什么很多公司总是招不到合适的人？或者说为什么招来的人总是无法达到公司的要求？原因是公司在招聘前没有分析过什么样的人才可以把工作做好，也没有分析过企业当下需要什么样的人才，只是觉得企业缺人，但又不知道企业缺什么人。

很多公司在招聘时缺乏明确的目标导向，写的都是主观概念上的想法，比如积极主动、乐观、吃苦耐劳、孝敬父母……这类字眼在实

际工作中虽然有所帮助，但是并不能解决根本问题。

如果不知道岗位的要求，就无法知道到底什么样的人才能满足企业发展的需要，自然无法找到合适的人才，也就无法对人才进行考核，更无法确定薪酬标准。

假设我要招聘一位营销总监，总不能随便一个人来应聘，我都聘用吧。在招聘前，我要先写出营销总监需要具备哪些能力，需要有哪些经验，需要什么学历，需要掌握哪些技能，需要拥有哪些性格特质，需要承担哪些责任，拥有哪些权力，有哪些工作任务，有哪些工作标准，工资如何核算，考核指标是什么。

公司给你多少权力，你就有多少责任，对应你可以获得多少利益，这个叫权力、责任、利益对等。

如果没有明确的标准，我找的营销总监有没有可能是冲着钱来的？非常有可能。但他也知道自己没有这个能力，只是想碰碰运气。如果蒙混过关了，老板是不是也要一段时间之后才能发现这个人的能力不行？一旦发现，“请神容易送神难”的经典场景就开始上演了。遇到这种情况，老板往往都是花钱消灾，哑巴吃黄连——有苦说不出。

所以我在招人前需要有一个标尺，确定我要的营销总监必须具备哪些能力，然后在面试的时候，根据这个标尺逐条询问。想要评判面试者回答的真伪，就需要他提供各种材料证明，比如证书。最后，用试用期来检测面试者能力的真伪。

要完成整套的流程，前提就是有一张完整的工作分析图，从而出具岗位说明书。我们以业务总经理为例进行说明。（表30）

表30 “业务总经理”岗位说明书

任职要求	年龄	28~46岁
	性别	不限
	籍贯	不限
	学历	企业管理、工商管理、行政管理等相关专业硕士及以上学历
	婚姻状况	不限
	经验要求	10年以上企业管理工作经验，5年以上企业全面管理工作经验
	知识要求	熟知企业业务和运营流程；具备企业管理、战略管理、市场开发管理、人力资源管理、财务管理等相关专业知识
	能力要求	有优秀的领导能力、出色的人际交往能力和社会活动能力；善于协调、沟通；亲和力、凝聚力、感召力、判断力、决策力、计划力、谈判能力强；有敬业精神和职业道德操守
	岗位特性	承担责任、领导力、决策力、职业化；具备敏锐的商业触觉；为人干练、踏实；责任心、事业心强
工作关系	汇报对象	CEO
	管理部门	共创业务部
	管理对象	销售部、大客户中心、渠道部、支持部
	协调岗位	数据中心、技术、会务、人力资源、业务部、行政部
工作职责	市场分析	分析市场发展趋势，分析行业竞争现状，收集竞品及服务模式、团队、薪酬、绩效等机制，分析自身业务增长变化、团队、薪酬、绩效等机制，输出竞争优劣势、机会点以及目标、策略、路径
	战略承接	参与公司发展战略的制定，战略目标分解并落实，制定实施策略和具体执行方案
	目标设定	掌握“目标设定的八大步骤”，生成详细的计划书并分解到团队

续表

工作职责	组织架构	根据公司战略计划及时调整销售部的组织架构，编制各岗位职责和工作流程
	岗位职责	梳理所辖部门和下级员工的岗位职责说明书
	薪酬机制	根据业务部发展，及时优化薪酬机制和晋升机制，使其更具竞争力和激励作用
	绩效管理	制定各职级的关键绩效指标并制定考核方案、绩效辅导策略，根据公司战略和发展及时调整和优化绩效考核体系
	团队建设	根据团队人员架构和业务需求，引入不同层级的人，建立合理机制，完善人才梯队
	文化落地	落实公司制度，弘扬公司企业文化，统一团队目标、语言、沟通机制，组织团建活动，做好人文关怀，让团队快乐工作、认真生活
	人才培养	定期对团队组织架构和人员进行盘点分析，实时了解团队人力状况，制订引进和培育人才的计划，为团队提供发展动力和核心竞争力
	提升成才率	根据市场变化，实时调整团队新人培训计划和策略，健全培训和辅导机制，挖掘和研发抓潜流程和服务流程并及时进行培训和落实
	绩效复盘	绩效复盘/流程梳理：绩效面谈辅导，关键战役里程碑、每月/每周组织包含目标回顾、实际达成、差距分析、优化方案的复盘会议，修正目标、保障落地
	过程管理	根据计划的时间节点跟踪阶段性目标的达成情况，引导团队进行差距分析、输出共识的优化方案，保障计划的落地
	团队管理	团队人员的工作安排和调度，做好上下协调和横向工作的配合
	人才盘点	设计人才盘点标准和流程，组织团队围绕绩效、潜力的人才盘点
	完善机制	根据公司经营战略规划，优化完善公司福利、制订团队激励方案和策略
	奖优罚劣	明确激励资源池，设计奖罚标准和流程，组织激励资源分配

续表

工作职责	跨部门协调	负责宣传贯彻公司各项规章制度及政策的落实，加强与数据中心、财务、行政、会务等各部门沟通协作高效联动作业
管控指标	一级KPI	团队增员、成才率、人均产值、团队流失率、团队底薪达成率

岗位说明书中有明确的板块划分：“任职资格”是人才画像，能让公司清楚地知道要招一个什么样的人；“工作职责”是这个人需要具备的能力；“管控指标”是指如何对这个人进行绩效考核。

做企业就是要以结果为导向，如果入职的员工没有能力为企业创造结果，公司就是亏损，即便这个人的价值观与企业完美契合，也是不能留用的。所以，管理中很重要的事情就是找对人。除价值观之外，企业需要结合实际情况，依照目标进行全面的工作分析，为每一个职位建立工作需求文件。

为什么大型企业总能招到合适的人才，而且人员流动率非常低？因为大型企业都拟定了简历标杆，在招人时有一把标尺，知道自己需要什么人，也知道什么人适合公司，一眼就可以从众多应聘者中挑选出最合适的人。

小公司总招不到人的原因是从来没有做过工作分析、人才画像和简历标杆，甚至有些老板和人力资源经理都不知道什么是工作分析，什么是人才画像，什么是简历标杆。当然，小公司制度和流程不规范只是一方面原因，还有一点就是公司没有知名度，薪酬又不高，有人愿意来应聘，老板就已经非常开心了，肯定会迫不及待地介绍公司，结果原本应该是老板面试员工，结果反而成了员工面试老板。

为了确保公司能找到对的人，在招聘前需要先制定简历标杆，根据以往的历史数据分析出能够胜任岗位职责、完成目标的人到底应该具备何种条件，比如年龄、学历、性别等。给大家看一下“大脑营行”为基层业务员做的人才画像。（表31）

表31 “基层业务员”人才画像

任职要求	年龄	18~35岁
	性别	不限
	籍贯	不限
	学历	中专以上学历，市场营销等相关专业者优先
	婚姻状况	未婚者优先
	经验要求	有1年及以上销售经验，有教育培训行业工作经历者优先
	知识要求	熟练使用微信、手机、电脑和各种办公软件，普通话标准
	能力要求	具备较强的销售技巧及沟通表达能力，有良好的客户服务意识，有很强的学习敏感度及亲和力
	性格特质	有强烈的企图心，思维敏捷，职业化，能承受较大的工作压力
	岗位特性	以业务为中心设置的岗位，具有包容性和多变性

通过历史数据分析，我们发现业务员业绩的好坏和学历没有直接关系，所以“大脑营行”对基层业务员的学历要求并不高。另外通过分析我们了解到，面试通过率较高的是没有结婚的人，因为这部分人生活压力比较小，即便前期没有业绩提成，也能坚持。所以当其他条件相同时，公司会优先录取未婚者担任基层业务员。

当然，以上的基层业务员人才画像只是给大家一个参考，千万不要照搬全抄。简历标杆必须参照行业特性和公司历史数据，大家可以根据以下的框架进行制定。

业务员简历标杆框架：

（1）年龄：容易出业绩的年龄段是20~30岁。

（2）性别：根据行业及岗位要求，确定是男士优先，还是女士优先，还是男女不限。

（3）籍贯：地域差异是否会导致业绩差异，需要进行历史数据分析。

（4）学历：需要测算最容易出业绩的学历。

（5）婚姻状况：婚姻状况是否会导致业绩差异，需要进行历史数据分析。

（6）经验要求：需要有岗位经验、行业经验或者经验不限。

（7）知识：比如法律知识、财经知识、网络知识、管理知识、社会知识、自然知识等。

（8）能力要求：包括系统建设能力、教练能力、销售能力、领导能力、抗压能力等。

（9）其他要求：比如驾照或其他证书等。

如果没有简历标杆，公司只知道缺人，但不知道缺什么样的人。一旦重要的岗位找错了人，公司蒙受的损失不可估量。因此，公司需要在最初就把人为风险降到最低。

接下来给大家一些简历标杆的参考资料，希望有所帮助。（表32~34）

表32 “销售经理”人才画像

任职要求	年龄	25~48岁
	性别	不限
	籍贯	不限
	学历	大专及以上学历，市场营销等相关专业者优先
	婚姻状况	不限
	经验要求	有2年及以上销售管理经验，有教育培训行业工作经历者优先
	知识要求	熟知业务流程和团队管理流程，掌握各个办公软件的应用
	能力要求	具备较强的沟通、表达、组织、培训、总结、数据分析、创新及市场应变能力，有超强的执行力，善于凝聚团队，有良好的客户服务意识
	性格特质	成就客户成就团队的发心，强烈的企图心，思维敏捷，职业化，能承受较大的工作压力，善于与人相处
	岗位特征	以业务管理为中心设置的岗位，具有包容性和多变性

表33 “客服经理”人才画像

任职要求	年龄	18~48岁
	性别	不限
	籍贯	不限
	学历	大专及以上学历优先
	婚姻状况	已婚已育优先
	经验要求	有1年及以上销售或客服工作经验，有教育行业咨询、服务、销售经验者优先
	知识要求	熟练使用微信、手机、电脑及各种办公软件和网络营销工具，普通话标准
	能力要求	具备良好的客户服务意识、团队协作精神，有较强的人际沟通能力、情绪调控能力以及抗压能力，有较强的工作积极性和主动性，具备时间管理能力，严于律己
	性格特性	有强烈的企图心，亲和力强，思维敏捷，职业化，能承受较大的工作压力
	岗位特性	以服务为中心设置的岗位，具有包容性和多变性

表34 “销售总监”人才画像

任职要求	年龄	28~46岁
	性别	不限
	籍贯	不限
	学历	企业管理、工商管理、行政管理等相关专业大专及以上学历优先
	婚姻状况	不限
	经验要求	3年以上企业管理工作经验
	知识要求	熟知客户服务的流程，对于新的服务方式有敏感度、学习力，能与时俱进，持续优化服务流程
	能力要求	有较强的计划、决策能力，善于凝聚团队，沟通客户
	岗位特性	承担责任、领导力、决策力、职业化；具备敏锐的商业触觉；为人干练、踏实；责任心、事业心强

第三节

只有确定岗位职责，才能确保事事有人干，人人有事干

一般管理不完善的公司都是让员工围着人转，所以员工的心思都花在了如何讨好上级上；而管理完善的公司则是让员工围着事转，引导员工把心思都花在工作上，只要员工把该做的事情做好，就可以得到奖赏，反之就会受到惩罚。

和大家分享一个有趣的工作场景：一位老板招聘了一名新员工，安排他完成某项工作。当新员工完成工作后，第一时间向老板报告，并询问接下来的工作安排。于是，老板进行了一番新的交代。当员工完成新的工作后，还是第一时间向老板报告，再次询问接下来的工作安排。老板又交代了一番，员工又去干，干完回来又问。

这个场景很多老板是不是特别熟悉？我想请问各位老板，你是给自己找了一名下属，还是给自己找一个领导？其实上面这个案例中的

员工还算是积极主动的，实际工作中很多员工在完成上级交代的任务后，就自己给自己放假了，结果上级忙得要死，下级闲得没事。

这种情况为什么大多出现在中小型公司中？因为中小型公司很少进行岗位的工作分析，也就没有明确的岗位职责，自然对员工没有约束力。

制定岗位职责的好处有三点：第一，员工在上岗前就知道胜任该岗位所必备的基本素质；第二，员工清晰地知道自己的责、权、利；第三，上下级关系明确，知道谁管谁，谁被谁管。

编写岗位责任书的三大要点：

（1）职责——应该做什么？

（2）目标——应该做到什么程度？

（3）考核——做得怎么样？

简单来说，岗位责任书的作用就是告诉员工应该做些什么，员工只要在工作中“讨好”这张纸就可以了。一般管理不完善的公司都是让员工围着人转，所以员工的心思都花在了如何讨好上级上；而管理完善的公司则是让员工围着事转，引导员工把心思都花在工作上，只要员工把该做的事情做好，就可以得到奖赏，反之就会受到惩罚。

绝大多数公司根本没有进行过工作分析，所以也没有办法编写岗位责任书。常规的做法就是列出一些基础的工作范围，然后在最后写上“其他”两个字。员工眼里的“其他”是什么意思？就是自己看着办的意思，也就是全凭员工的自觉性了。

管理完善的公司在新员工入职的第一天就会给出一份岗位责任书，告诉新员工详细的工作内容。而新员工要做的就是把岗位责任书贴在工位上，每天按照要求工作即可。如果公司里每一位员工都能把本职工作做到极致，公司就会越来越好。

建议老板在编写岗位责任书之前，先对公司各岗位的优秀员工进行采访，询问他们觉得胜任这个职务所需的条件，并记录下他们每天的工作和具体执行步骤。然后再和各部门主管进行确认和完善，形成一套初步的标准。通过后期不断优化和升级，最终形成一套公司专属的管理体系。（图3）

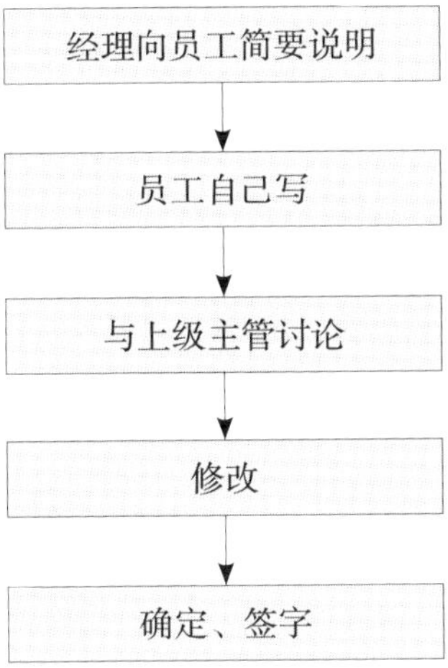

图3 岗位责任书的制定流程

接下来给大家分享一下标准的岗位职务描述，大家以此为模板，可以进行改编。（表35~40）

表35 “财务总监”职务描述

职务名称	财务总监
直接上级	总经理
直接下级	财务会计部经理、管理会计部经理、审计监察部经理、库管部经理、财务总监助理
本职工作	领导公司财和物的规划与控制工作
业务职责	（1）了解在当前销售策略下的市场状况 （2）组织领导公司的财务管理、成本管理、预算管理、会计核算、会计监督、审计监察、存货控制等方面工作，加强公司的经济管理，提高经济效益 （3）参与制定公司年度总预算和季度预算调整，汇总、审核下级部门上报的月度预算，召集并主持公司月度预算分析与平衡会议 （4）负责重要内审活动的组织与实施 （5）掌握公司财务状况、经营成果和资金变动情况，及时向总经理和董事长汇报 （6）主持制定公司的财务管理、会计核算和会计监督、预算管理、审计监察、库管工作的规章制度和工作程序，经批准后组织实施并监督检查落实情况 （7）组织执行国家有关财经法律、法规、方针、政策和制度，保障公司合法经营，维护股东权益 （8）按规定审批程序，从银行提取现金 （9）负责审核签署公司预算、财务收支计划、成本费用计划、信贷计划、财务报告、会计决算报表，会签涉及财务收支的重大业务计划、经济合同、经济协议等 （10）参与公司投资行为、重要经营活动等方面的决策和方案制定工作，参与重大经济合同或协议的研究、审查，参与重要经济问题的分析和决策 （11）做好财务系统各项行政事务处理工作，提高工作效能，增强团队精神 （12）做好财务系统文件、资料、记录的保管与定期归档工作 （13）做好保密工作 （14）代表公司与外界有关部门和机构联络，并保持良好的合作关系

续表

管理职责	1. 组织建设 （1）参与讨论公司部门级以上组织架构 （2）确定下级部门的组织架构 （3）发现下级部门的岗位设置或分工不合理时，及时做出调整，并通知人力资源部 2. 招聘及任免 （1）用人需求 ① 提出直接下级岗位的用人需求，编写该岗位的岗位职责和任职资格，提交总经理确认 ② 确认直接下级提交的用人需求、岗位职责和任职资格，提交总经理确认 （2）面试 ① 进行直接下级岗位的初试 ② 进行直接下级的直接下级的岗位复试，做出最后确定 ③ 组织参与面试的人员 （3）不合格员工处理 ① 提出对不合格直接下级的处理建议，提交总经理确认 ② 确认直接下级提出的对不合格员工的处理建议，提交人力资源部 3. 培训 （1）提出对直接下级的培训计划，提交总经理确认 （2）确认直接下级提出的培训计划，提交人力资源部 4. 绩效考评 （1）提出直接下级的绩效考评原则，提交总经理确认 （2）根据总经理确认的绩效考评原则，与人力资源部经理确定绩效考评方法 （3）对直接下级进行考评和考评沟通，将考评结果提交人力资源部 5. 工作沟通 （1）汇总工作报告，与总经理进行信息沟通，同时将信息传递给直接下级 （2）将公司的政策、原则、策略等信息，快速、清晰、准确地传达给直接下级 （3）确定书面的交互式的工作通报制度，与直接下属进行沟通 6. 激励 （1）提出下级部门和直接下级的激励原则，提交总经理确认 （2）根据总经理确认的激励原则，与人力资源部经理确定激励方法 7. 经费审核与控制 （1）依据财务制度审批下级部门的各项花费，确认支出的合理性 （2）监督并控制下级部门的费用支出，向总经理进行费用月报 8. 工作报告 （1）定期将自己的各项工作及下级部门工作以书面的形式向总经理报告 9. 表现领导能力 （1）指导、鼓励、鞭策下级，使下级努力工作 （2）有办法提升下级的工作效果和工作效率 （3）能为下级描绘公司的战略意图和远大前景

表36 “销售总监”职务描述

职务名称	销售总监
直接上级	总经理
直接下级	销售部经理、市场部经理、公关部经理
本职工作	负责公司的整体市场营销工作
业务职责	（1）参与制定公司营销战略，根据战略制定公司营销组合策略和营销计划，经批准后组织实施 （2）负责重大公关、促销活动的总体、现场指挥 （3）定期对市场营销环境、目标、计划、业务活动进行核查分析，及时调整营销策略和计划，制定预防和纠正措施，确保完成营销目标和营销计划 （4）根据市场及同业情况制定公司新产品市场价格，经批准后执行 （5）负责重大营销合同的谈判与签订 （6）主持制定、修订营销系统主管的工作程序和规章制度，经批准后施行 （7）制订营销系统年度专业培训计划并协助培训部实施 （8）协助总经理调整公司营销组织，细分市场的建立、拓展，调整市场营销网络 （9）负责分解下达年度工作目标和市场营销预算，根据市场和公司情况及时调整、有效控制 （10）定期和不定期拜访重点客户，及时了解和处理问题 （11）代表公司与政府对口部门和有关社会团体、机构联络

续表

管理职责	1. 组织建设 （1）参与讨论公司部门级以上组织架构 （2）确定下级部门的组织架构 （3）发现下级部门的岗位设置或分工不合理时，及时做出调整，通知人力资源部 2. 招聘及任免 （1）用人需求 ① 提出直接下级岗位的用人需求，编写该岗位的岗位职责和任职资格，提交总经理确认 ② 确认直接下级提交的用人需求、岗位职责和任职资格，提交总经理确认 （2）面试 ① 进行直接下级岗位的初试 ② 进行直接下级的直接下级的岗位复试，做出最后确定 ③ 组织参与面试的人员 （3）不合格员工处理 ① 提出对不合格直接下级的处理建议，提交总经理确认 ② 确认直接下级提出的对不合格员工的处理建议，提交人力资源部 3. 培训 （1）提出对直接下级的培训计划，提交总经理确认 （2）确认直接下级提出的培训计划，提交人力资源部 4. 绩效考评 （1）提出直接下级的绩效考评原则，提交总经理确认 （2）根据总经理确认的绩效考评原则，与人力资源部经理确定绩效考评方法 （3）对直接下级进行考评和考评沟通，将考评结果提交人力资源部 5. 工作沟通 （1）汇总工作报告，与总经理进行信息沟通，同时将信息传递给直接下级 （2）将公司的政策、原则、策略等信息，快速、清晰、准确地传达给直接下级 （3）确定书面的交互式的工作通报制度，与直接下属进行沟通 6. 激励 （1）提出下级部门和直接下级的激励原则，提交总经理确认 （2）根据总经理确认的激励原则，与人力资源部经理确定激励方法 7. 经费审核与控制 （1）依据财务制度审批下级部门的各项花费，确认支出的合理性 （2）监督并控制下级部门的费用支出，向总经理进行费用月报 8. 工作报告 （1）定期将自己的各项工作及下级部门工作以书面的形式向总经理报告 9. 表现领导能力 （1）指导、鼓励、鞭策下级，使下级努力工作 （2）有办法提升下级的工作效果和工作效率 （3）能为下级描绘公司的战略意图和远大前景

表37 “行政总监”职务描述

职务名称	行政总监
直接上级	总经理
直接下级	行政部经理、保卫部经理
本职工作	统筹管理公司事务、安全保卫、内部服务与对外联络工作
业务职责	（1）参与制定公司年度总预算和季度预算调整，汇总、审核下级部门上报的月度预算，并参加公司月度预算分析与平衡会议 （2）负责公司行政方面重要会议、重大活动的组织筹备工作 （3）领导公司的后勤服务工作，创造和保持良好的工作环境 （4）定期组织办公职能检查，及时发现问题、解决问题，督促做好纠正和预防工作 （5）定期召集员工建议审议委员会成员对合理化建议进行评审 （6）接待公司的重要来访客人，处理行政方面的重要函件 （7）领导公司的防火安全、保卫工作，并定期组织检查，保证公司安全 （8）组织公司有关法律事务的处理工作，指导、监督、检查公司保密工作的执行情况 （9）协调公司系统间的合作关系，先期调解工作中出现的问题 （10）检查公司管理模式执行情况，汇总各部门反馈意见，整理分析后向总经理汇报 （11）掌握行政系统工作情况和公司行政管理工作的运作情况，适时向总经理汇报 （12）代表公司与外界有关部门和机构联络，并保持良好合作关系

续表

管理职责	1. 组织建设 （1）参与讨论公司部门级以上组织架构 （2）确定下级部门的组织架构 （3）发现下级部门的岗位设置或分工不合理时，及时做出调整，通知人力资源部 2. 招聘及任免 （1）用人需求 ① 提出直接下级岗位的用人需求，编写该岗位的岗位职责和任职资格，提交总经理确认 ② 确认直接下级提交的用人需求、岗位职责和任职资格，提交总经理确认 （2）面试 ① 进行直接下级岗位的初试 ② 进行直接下级的直接下级的岗位复试，做出最后确定 ③ 组织参与面试的人员 （3）不合格员工处理 ① 提出对不合格直接下级的处理建议，提交总经理确认 ② 确认直接下级提出的对不合格员工的处理建议，提交人力资源部 3. 培训 （1）提出对直接下级的培训计划，提交总经理确认 （2）确认直接下级提出的培训计划，提交人力资源部 4. 绩效考评 （1）提出直接下级的绩效考评原则，提交总经理确认 （2）根据总经理确认的绩效考评原则，与人力资源部经理确定绩效考评方法 （3）对直接下级进行考评和考评沟通，将考评结果提交人力资源部 5. 工作沟通 （1）汇总工作报告，与总经理进行信息沟通，同时将信息传递给直接下级 （2）将公司的政策、原则、策略等信息，快速、清晰、准确地传达给直接下级 （3）确定书面的交互式的工作通报制度，与直接下属进行沟通 6. 激励 （1）提出下级部门和直接下级的激励原则，提交总经理确认 （2）根据总经理确认的激励原则，与人力资源部经理确定激励方法 7. 经费审核与控制 （1）依据财务制度审批下级部门的各项花费，确认支出的合理性 （2）监督并控制下级部门的费用支出，向总经理进行费用月报 8. 工作报告 （1）定期将自己的各项工作及下级部门工作以书面的形式向总经理报告 9. 表现领导能力 （1）指导、鼓励、鞭策下级，使下级努力工作 （2）有办法提升下级的工作效果和工作效率 （3）能为下级描绘公司的战略意图和远大前景

表38 “生产总监”职务描述

职务名称	生产总监
直接上级	总经理
直接下级	生产部经理
本职工作	负责全面生产和生产设备管理
业务职责	（1）参与制定公司年度总预算和季度预算调整 （2）按工作程序做好与技术、营销、财务的横向联系，及时对系统间的争议提出界定要求 （3）组织实施并监督、检查生产过程中质量体系的运行 （4）主管并监督、检查公司安全文明生产、生产环保工作 （5）审阅生产系统及与其相关的文件，在权限范围内签发文件 （6）组织新技术、新工艺、新设备的应用推广 （7）指导、监督、检查所属下级的各项工作，掌握工作情况和有关数据 （8）综合平衡年度生产任务，制订下达月度生产计划，做到均衡生产 （9）负责重要生产设备的申购 （10）指定专人负责生产系统文件、表单等资料的保管和定期归档工作 （11）根据工作需要进行总体指挥、现场指挥 （12）代表公司与政府对口部门和有关社会团体、机构联络

续表

管理职责	1. 组织建设 （1）参与讨论公司部门级以上组织架构 （2）确定下级部门的组织架构 （3）发现下级部门的岗位设置或分工不合理时，及时做出调整，通知人力资源部 2. 招聘及任免 （1）用人需求 ① 提出直接下级岗位的用人需求，编写该岗位的岗位职责和任职资格，提交总经理确认 ② 确认直接下级提交的用人需求、岗位职责和任职资格，提交总经理确认 （2）面试 ① 进行直接下级岗位的初试 ② 进行直接下级的直接下级的岗位复试，做出最后确定 ③ 组织参与面试的人员 （3）不合格员工处理 ① 提出对不合格直接下级的处理建议，提交总经理确认 ② 确认直接下级提出的对不合格员工的处理建议，提交人力资源部 3. 培训 （1）提出对直接下级的培训计划，提交总经理确认 （2）确认直接下级提出的培训计划，提交人力资源部 4. 绩效考评 （1）提出直接下级的绩效考评原则，提交总经理确认 （2）根据总经理确认的绩效考评原则，与人力资源部经理确定绩效考评方法 （3）对直接下级进行考评和考评沟通，将考评结果提交人力资源部 5. 工作沟通 （1）汇总工作报告，与总经理进行信息沟通，同时将信息传递给直接下级 （2）将公司的政策、原则、策略等信息，快速、清晰、准确地传达给直接下级 （3）确定书面的交互式的工作通报制度，与直接下属进行沟通 6. 激励 （1）提出下级部门和直接下级的激励原则，提交总经理确认 （2）根据总经理确认的激励原则，与人力资源部经理确定激励方法 7. 经费审核与控制 （1）依据财务制度审批下级部门的各项花费，确认支出的合理性 （2）监督并控制下级部门的费用支出，向总经理进行费用月报 8. 工作报告 （1）定期将自己的各项工作及下级部门工作以书面形式向总经理报告 9. 表现领导能力 （1）指导、鼓励、鞭策下级，使下级努力工作 （2）有办法提升下级的工作效果和工作效率 （3）能为下级描绘公司的战略意图和远大前景

表39 “技术总监”职务描述

职务名称	技术总监
直接上级	总经理
直接下级	技术部经理、质量管理部经理
本职工作	负责公司产品开发及质量管理
业务职责	（1）组织制定并实施技术系统工作目标和工作计划 （2）组织制定并实施技术系统规章制度和实施细则 （3）组织不合格品的审理工作 （4）组织技术、产品开发与创新 （5）组织建立质量体系并实施 （6）负责公司标准化、计量管理工作 （7）定期进行技术分析和质量分析工作，制定预防和纠正措施 （8）重要技术工艺设备、计量器具的申购 （9）技术系统文件等资料的整理、保管及公司档案管理工作 （10）公司保密工作

续表

管理职责	1. 组织建设 （1）参与讨论公司部门级以上组织架构 （2）确定下级部门的组织架构 （3）发现下级部门的岗位设置或分工不合理时，及时做出调整，通知人力资源部 2. 招聘及任免 （1）用人需求 ① 提出直接下级岗位的用人需求，编写该岗位的岗位职责和任职资格，提交总经理确认 ② 确认直接下级提交的用人需求、岗位职责和任职资格，提交总经理确认 （2）面试 ① 进行直接下级岗位的初试 ② 进行直接下级的直接下级的岗位复试，做出最后确定 ③ 组织参与面试的人员 （3）不合格员工处理 ① 提出对不合格直接下级的处理建议，提交总经理确认 ② 确认直接下级提出的对不合格员工的处理建议，提交人力资源部 3. 培训 （1）提出对直接下级的培训计划，提交总经理确认 （2）确认直接下级提出的培训计划，提交人力资源部 4. 绩效考评 （1）提出直接下级的绩效考评原则，提交总经理确认 （2）根据总经理确认的绩效考评原则，与人力资源部经理确定绩效考评方法 （3）对直接下级进行考评和考评沟通，将考评结果提交人力资源部 5. 工作沟通 （1）汇总工作报告，与总经理进行信息沟通，同时将信息传递给直接下级 （2）将公司的政策、原则、策略等信息，快速、清晰、准确地传达给直接下级 （3）确定书面的交互式的工作通报制度，与直接下属进行沟通 6. 激励 （1）提出下级部门和直接下级的激励原则，提交总经理确认 （2）根据总经理确认的激励原则，与人力资源部经理确定激励方法 7. 经费审核与控制 （1）依据财务制度审批下级部门的各项花费，确认支出的合理性 （2）监督并控制下级部门的费用支出，向总经理进行费用月报 8. 工作报告 （1）定期将自己的各项工作及下级部门工作以书面的形式向总经理报告 9. 表现领导能力 （1）指导、鼓励、鞭策下级，使下级努力工作 （2）有办法提升下级的工作效果和工作效率 （3）能为下级描绘公司的战略意图和远大前景

表40 “人力资源总监”职务描述

职务名称	人力资源总监
直接上级	总经理
直接下级	人力资源部经理、培训部经理
本职工作	负责公司人力资源的管理，为公司提供和培养合格的人才
业务职责	（1）根据公司实际情况和发展规划，拟订公司人力资源计划，经批准后组织实施 （2）组织制定公司用工制度、人事管理制度、劳动工资制度、人事档案管理制度、员工手册、培训大纲等规章制度、实施细则和人力资源部工作程序，经批准后组织实施 （3）组织办理员工绩效考核工作，并负责审查各项考核、培训结果，审批经人事部核准的过失单和奖励单，并安排执行 （4）负责在公司内外收集有潜力的和所需的人才信息，并组织招聘工作 （5）受理员工投诉和员工与公司劳动争议事宜，并负责及时解决 （6）了解人力资源部工作情况和相关数据，收集分析公司人事、劳资信息 （7）审批员工薪酬表，报总经理核准后转会计部执行 （8）制订人力资源部专业培训计划并协助培训部实施、考核 （9）加强公司与同行之间的联系 （10）代表公司与政府对口部门和有关社会团体、机构联络

续表

管理职责	1. 组织建设 （1）参与讨论公司部门级以上组织架构 （2）确定下级部门的组织架构 （3）发现下级部门的岗位设置或分工不合理时，及时做出调整，通知人力资源部 2. 招聘及任免 （1）用人需求 ① 提出直接下级岗位的用人需求，编写该岗位的岗位职责和任职资格，提交总经理确认 ② 确认直接下级提交的用人需求、岗位职责和任职资格，提交总经理确认 （2）面试 ① 进行直接下级岗位的初试 ② 进行直接下级的直接下级的岗位复试，做出最后确定 ③ 组织参与面试的人员 （3）不合格员工处理 ① 提出对不合格直接下级的处理建议，提交总经理确认 ② 确认直接下级提出的对不合格员工的处理建议，提交人力资源部 3. 培训 （1）提出对直接下级的培训计划，提交总经理确认 （2）确认直接下级提出的培训计划，提交人力资源部 4. 绩效考评 （1）提出直接下级的绩效考评原则，提交总经理确认 （2）根据总经理确认的绩效考评原则，与人力资源部经理确定绩效考评方法 （3）对直接下级进行考评和考评沟通，将考评结果提交人力资源部 5. 工作沟通 （1）汇总工作报告，与总经理进行信息沟通，同时将信息传递给直接下级 （2）将公司的政策、原则、策略等信息，快速、清晰、准确地传达给直接下级 （3）确定书面的交互式的工作通报制度，与直接下属进行沟通 6. 激励 （1）提出下级部门和直接下级的激励原则，提交总经理确认 （2）根据总经理确认的激励原则，与人力资源部经理确定激励方法 7. 经费审核与控制 （1）依据财务制度审批下级部门的各项花费，确认支出的合理性 （2）监督并控制下级部门的费用支出，向总经理进行费用月报 8. 工作报告 （1）定期将自己的各项工作及下级部门工作以书面的形式向总经理报告 9. 表现领导能力 （1）指导、鼓励、鞭策下级，使下级努力工作 （2）有办法提升下级的工作效果和工作效率 （3）能为下级描绘公司的战略意图和远大前景

第四节

只有进行知识管理，才能打造强大的中层管理团队

对中层干部要狠，对基层员工要好！因为员工的影响力有限，再坏也坏不到哪里去，而坏的员工都是因为中层干部的不作为造就的，正所谓兵熊熊一个，将熊熊一窝。

企业管理中，越是关键的岗位，对人的要求越高。根据我多年的管理经验，给大家两条建议。

一、性格缺失者不能重用

比如《三国演义》中，如果刘备不让关羽守荆州的话，三国的历史估计就要改写了。因为关羽的性格太过高傲，结果害死了他。还有吕布，在濮阳与曹操对战时，谋臣陈宫屡次劝谏吕布，让他不要轻敌，小心有埋伏，然而吕布自视甚高，说“吾怕谁来”，结果不听谏

言，屡中埋伏。

其实在现实生活中，很多能力强的人也像吕布一样，喜欢单打独斗。这些人往往过于看重事，而忽略了人的重要性，结果事情是漂亮地完成了，但和同事、领导、合作伙伴的关系却一团糟。

古往今来，喜欢单打独斗的人大部分都成了炮灰，而得人心者，往往能成大事。好的领导者会管理员工、激励员工、调节士气。领导者必须对公司的发展负责，要对公司的组织和产品负责，更要对员工和客户负责。要想成为出色的领导，就要更加懂得抓住重点，思考全局，放眼未来。

二、关键能力缺失者不能重用

公司里一般有两类不合格的管理者。第一类是自身过硬，但不会打铁的人。他们的优点是大公无私，兢兢业业，废寝忘食，礼贤下士，但缺点是不善沟通，不能树立威信，不懂协调合作，不能知人善用，关键时刻举棋不定，没有战略眼光。

古人常说：小人干坏事，干的是小坏事；君子干坏事，干的是大坏事。因为君子的境界高，影响力大，如果真的犯了错误，会把一群人带入万丈深渊。所以，领导者不仅要有自我修养，还要会选人、用人、带团队。

还有一类不合格的管理者是善于打铁但自身不硬的人。他们的优点是人际社交能力很强，善于沟通协调、组织管理，具有战略眼光，但面对利益的诱惑时，没有自控能力，原则性差。

性格缺失者和关键能力缺失者都不是优秀领导者的人选，我们要找的是既善于打铁，又自身过硬的人才，这是管理者的基本功。假设我们要招聘一位营销总监，需要他具备十八般武艺，这其中差了一项都是不行的。

我们可以根据态度和能力把员工分为四类：（图4）

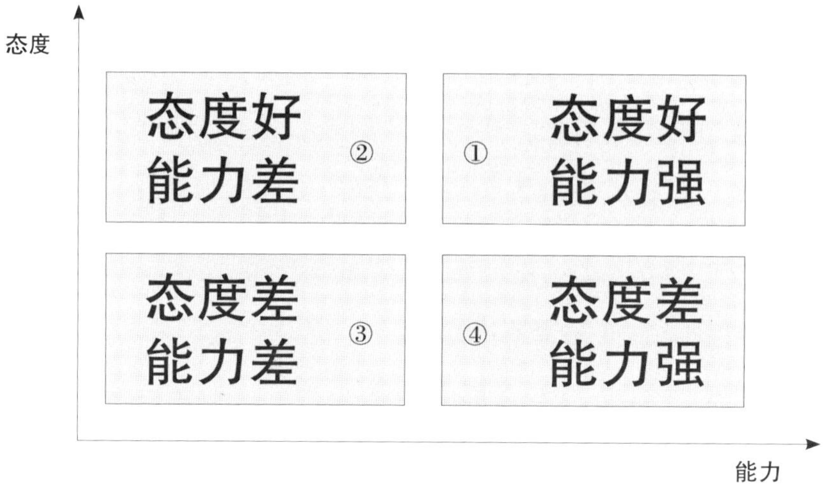

图4　态度与能力管理方格

第一类：态度好（价值观和公司一致），能力强。

这类员工既有德又有才，是公司可以破格重用的人。

第二类：态度好（价值观和公司一致），能力差。

这类员工有德无才，需要培养后使用。因为这类人的态度好，愿意学习，是公司的后备力量，所以公司需要给予他们学习成长的机会，加强培训。

第三类：态度差（价值观和公司不一致），能力差。

这类员工无德无才，坚决不用。老板对员工最大的负责就是严格要求，提升他们的能力，通过建立一套“弱肉强食”的机制，让员工优胜劣汰。老板不能保证给员工一个铁饭碗，但是可以帮助员工获得自力更生的能力，即便这家公司倒闭了，在市场上依然可以找到一份不错的工作。如果一个员工能力又差，态度又差，完全不想提升自己，这样的人则坚决不能用。

第四类：态度差（价值观和公司不一致），能力强。

这类员工有才无德，需要限制使用。因为这类人虽然能力出众，但是不能遵守公司的各项规章制度，缺乏团队精神，破坏团队士气。这样的利己主义者，虽然可以为公司创造业绩，但对公司内部的文化建设和团队的破坏性是极大的，远离这类员工是对公司最大的保护。

就像很多老板明知道某个员工有问题，但因为舍不得那点儿业绩，所以继续留用。但凭借我多年的管理经验我可以负责任地告诉大家，有才无德的人最好不要聘用，因为这样的人迟早会出问题，给公司带来巨大的麻烦。如果老板实在想留用这类员工，就要承担相应的风险，一旦出现问题，也不要喊冤。

我们通过态度和能力的分析，知道了员工的四个基本分类。对公司来说，最重要的中层管理者，老板需要选择哪一类人？当然最好是既有德又有才的，越是管理岗位上的人，要求越高。

对中层干部要狠，对基层员工要好！因为员工的影响力有限，再坏也坏不到哪里去，而坏的员工都是因为中层干部的不作为造就的，正所谓兵熊熊一个，将熊熊一窝。

我发现很多中小企业老板最痛苦的问题就是没有中层管理者。没有中层企业就会上下不通，无法承上启下，所以我们需要花一点儿心思来打造中层。

优秀的中层管理人员需要具备四项能力：

1. 榜样的能力

管理者的言谈举止必须能影响人，成为团队的正向榜样，引导大家积极向上。

2. 说的能力

一个好的管理者一定是一个好的培训师。很多老板喜欢外聘培训师进行企业培训，其实最适合企业的反而是内部的优秀管理者。因为外聘培训师讲的大多是企业框架，到底适不适合只有实践后才知道。但企业内部的优秀管理者如果作为培训师，讲的内容肯定是基于企业的实际情况，讲完后员工马上就可以活学活用，何乐而不为？

企业内部如何选拔培训师？方法有以下两种：

第一种，谁做得最好，谁就担任培训师。老板花8000元聘请外部的培训师不一定有效果，但如果给内部员工8000元作为讲课费，我相信员工会不眠不休地备课。当然，内部培训师还有一个好处，就是费用不用给这么高，可以把内部培训师这个职务设计成一种荣誉，让员工在金钱方面得到满足的同时，也能得到精神层面的满足，从而更加努力地工作。

第二种，学习大企业的模式，如果员工想要晋升，必须有一门拿手的课程。什么是课程？就是找到自己岗位工作中的方法和技巧，总结出一套自己的内容体系。有了课程，员工可以在行政部门进行报备，开班授课。行政部组织招生，收集培训后的课程评价，并把课程视频进行存档。如果课程获得高分，就会被放入新员工的培训体系中，成为内部知识管理系统的一部分。

3. 写的能力

很多人会说但是不会写，因为语言表达跟文字表达还是有很大差距的。管理完善的公司都会要求员工定期提交工作总结，把完成的事项以文字的形式表达出来。工作总结不是按照个人的喜好随便写写的，而是有明确的要求。工作总结需要清楚写明工作的具体步骤和关键节点，当其他员工按照工作总结完成工作时，也可以获得同样的结果。

4. 传承的能力

记住一个原则：先做榜样，再做管理。

能做榜样的人，可以当主管！

能做榜样，又能说的人，可以当部门经理！

能做榜样，又能说，又能写的人，可以当总监！

能做榜样，又能说，又能写，又能传承的人，才能当总经理！

大家可以根据以上标准，对标一下自己，看看作为公司的总经理，自己是否合格。

很多老板之所以能赚钱，大多数是因为运气好，但是靠运气赚到的钱，迟早有一天会因为实力亏掉。因此，对于中小企业老板而言，学习是第一要务，只有不断地学习，提升自己的能力，把基本功打扎实了，才能把企业做大做强。

第四章

管理不到位，老板两行泪

企业发展的背后需要人才的推动，业务拓展的背后需要人才的支撑。没有一套行之有效的人才管理系统，企业就无法做强做大。

第一节
打造人才复制系统，让公司的人才越来越多

一个公司最大的财产是员工的智慧。如果公司的老员工不会培训新员工，不能完成传帮带的话，那么一旦老员工离职，公司就会出现无法弥补的断层。如果公司可以把员工的智慧留下，就算人离开了，公司依然能够正常运转，这是企业管理中最重要的知识管理。

大家思考一个问题，是中小企业的员工创业成功率高，还是世界500强的员工创业成功率高？超过80%的人都会认为成功属于世界500强的员工，但事实恰恰相反，中小企业员工创业的成功率更高。

创业成功的中小企业员工有一些典型的特点，他们曾经都是老板最信任的左膀右臂，创业的公司从事的也都是与老东家相同的行业，甚至客户都是曾经服务过的老客户。

听起来是不是很讽刺？为什么老板最信任的人反而最容易背叛？问题其实都出在老板的身上。中小企业老板经营企业，都会习惯性地把重要的事务交给最信任的得力助手去办，本来这样的员工能力就很出色，

又掌握了公司很多重要的资源，如果他成立一家相同的公司，赚得钱是现在的十倍甚至几十倍，结果可想而知。最优秀的员工离职，公司里又没有储备人才可以接手，工作断层，客户自然也就流失了。

反观世界500强企业的员工，他们很少会出来自己创业，即便创业，从事的也是截然不同的行业。为什么？中小企业和世界500强企业到底有何不同？区别在于世界500强企业对岗位进行了细致的分工，把本来一个人可以完成的工作，分配给三个人，并要求这三个员工全部做到极致，最终再把三个人的工作组合在一起，实现目标。

世界500强公司通过明确的分工，降低公司对人才的依赖，这样就不会被员工绑架。同时，细致的分工也会降低公司培养人才的难度，员工只需要在某一领域专精即可。世界500强公司拥有完善的人才培训系统，当某一员工离职后，立刻有合适的人进行补位，基本不会出现工作的断层。

公司所需的人才如何挑选和培养呢？接下来，我给大家分享一套人才培训系统，帮助公司摆脱对人才的依赖，创造出“铁打的营盘，流水的兵”的局面。

人才培训系统

1. 告诉员工该做什么

让每一个员工都知道自己的岗位职责，明白自己所要做的事情，明确自己的岗位分工和部门归属。只有做好了这一点，才能让员工围着事情转。（“岗位说明书”模板详见附录）

2. 告诉员工好的标准

做任何事情都要有标准，早期沃尔玛要求员工微笑服务，结果有的员工笑得比哭还难看，那是因为每个人对微笑的标准不一样。后来沃尔玛统一了微笑的标准，要求员工微笑时必须露出8颗牙齿。

没有标准，员工永远给不了老板想要的，即便做了，可能也是好心办坏事，所以必须让每一个员工都知道好的标准是什么。

就像我在课堂上让助理帮我倒一杯水，我心里想要的其实是一杯40℃的温开水，但我只说了要一杯水。助理第一次给我倒了一杯冰的矿泉水，不对；第二次给我倒了一杯滚烫的开水，也不对；第三次给我倒了一杯阴阳水，也就是凉水里加入沸水，还是不对。几次下来，作为老板，我会觉得助理没有悟性，助理则会觉得老板真难伺候。

为什么助理倒了三次水，都没有给到我想要的结果？是什么原因导致了助理一直犯错？其实是我最初让他倒水的时候，没有交代清楚我需要一杯什么样的水，我的标准是什么。助理听到我要一杯水，会自然而然地按照自己的标准和习惯去完成，而不是按照我的标准，结果就是一错再错。

如果我在一开始就和助理说：“我在讲课的时候，嗓子比较敏感，只能喝40℃左右的温开水。因为水凉我会失声，水烫我当下喝不了，阴阳水对肠胃又不好，所以你需要先把水烧开，等水温降到40℃左右，倒在保温杯里拿给我，这样我随时可以喝。”

很多时候，员工做不好事情，不是他不愿意做，也不是他不想做，而是他不知道要把事情做到什么标准才合格。

所以员工执行力方面的问题，其实都是公司管理系统的问题，在这里我就不过多阐述了，大家有兴趣可以报名参加“系统思维”课程，全方位打造公司体系，提升管理效率。

扫码报名“系统思维”课程

3. 训练员工做好本职工作

管理中很重要的工作就是教育和训练。好的企业不依赖员工的聪明才智，而是运用强大的教育培训体系，培养出优秀的员工。公司最大的成本就是没有经过培训的员工。记住一句话：培训员工会花很多钱，但不培训员工会花更多的钱。

培训员工的四个步骤：

（1）说给他听；

（2）做给他看；

（3）共同做一遍；

（4）你做我看。

举个简单的例子。很多人都考过驾照，大家回忆一下驾校是怎么一步步培训驾驶员的。第一步上交规课，传授基础知识，说给他听；第二步上车实训，教练拆解开车的动作，进行演示，做给他看；第三步学员在教练的陪伴下，使用教练车进行实践操作，共同做一遍；第四步上车考试，你做我看。

4. 让员工实践

培训是一定要付出成本的，只有学会放手才能获得人手，优秀的企业都有一套属于自己公司的培训系统。培训的方式可以让老员工培训新员工，实现知识和经验的传承，也可以带领团队外出学习，收获新的知识和技能。

5. 反复教学，直到员工可以独自完成工作

员工做不好工作有两个原因，一是态度不好，二是技能太差。态度不好就需要反复沟通，从而改变他的思想；技能太差就要反复训练，直至提升技能。

当员工可以独立完成工作时，训练即可停止。独立完成的标准是可以百分之百完成工作，并做得和师父一样好，这时，代表着人才复制工作已经完成。

6. 师父（上级/老员工）可以去做更重要的工作

当师父（上级/老员工）培养出徒弟后，通常会晋升到更高的职位，承担更重要的工作。大型企业在人员晋升方面都有严格的要求，晋升者必须要在两年内培养出接班人，才能获得晋升的机会。

晋升规则中还有一个重要指标，每晋升一级，能力需要提升5~7项。这样做的目的是为了打造学习型组织，确保公司管理层都是公司所需的优秀人才。只有晋升的员工能力越来越强，老板才会越做越轻松。

7. 让员工也会复制人才

这一步是最重要的。如果师父把能力复制给徒弟，徒弟无法进行再复制，那么知识和经验就无法持续传承，人才体系也就不健全。因此，徒弟也要在两年内培养出小徒弟，这样徒弟才能晋升。这就是公司可持续自动化运转的人才系统，也就是所谓的“铁打的营盘，流水的兵”。

第二节
优化流程，提升管理效率，实现利润最大化

中小企业的问题大多是系统性的问题！

一线员工缺乏工作管理流程，会加大输出产品和服务的不稳定性；中层管理者缺乏人员管理流程，既不能影响下属，也不能影响上级，更不能打通上下游；高层管理者缺乏系统流程，就会过度依赖能人，把企业推向危险的境地。

大部分企业会通过“人员下潜”解决以上问题，直白点儿说就是基层不到位，中层去扑火；中层不到位，高层去扑火；高层不到位，老板就发火。

要解决企业的根本问题，第一步就是理顺工作流程。流程管理的关键是确定目标和战略，从而形成书面化的流程，确定责任人并完成定期评估。在此基础上，可以设定一系列的指标，确保流程按既定方

式运作，并与绩效考核挂钩。这样就可以形成一个“从流程到绩效、再从绩效反馈到流程”的闭环管理圈。

企业中，不同的部门、不同的客户、不同的人员和不同的供应商都是靠流程来进行协同合作的。流程在运作中会产生相应的信息，如产品数据、财务数据、项目数据、人员信息、客户信息等，如果这些信息流转不畅，定会导致企业运作不畅。

企业流程按照功能可以区分为业务流程和管理流程。

业务流程是面向客户的，为最终客户不断“增值”的流程，如第一章中所讲的业务价值链。

管理流程是为了控制风险、降低成本、提高服务质量、提升工作效率、加快市场反应速度，最终提升顾客满意度和企业市场竞争能力，达到利润最大化的流程。

企业的一切流程都应以实现企业目标为根本，尤其是管理流程。对外，面向客户，提高业务流程的效率。对内，面向企业目标，提高管理流程的效率，平衡企业各方资源，控制总体平衡。企业运行必须让流程说话，因为流程是企业的核心竞争力。

接下来分享“大脑营行”的部分工作流程，供大家参考。（图1~10）

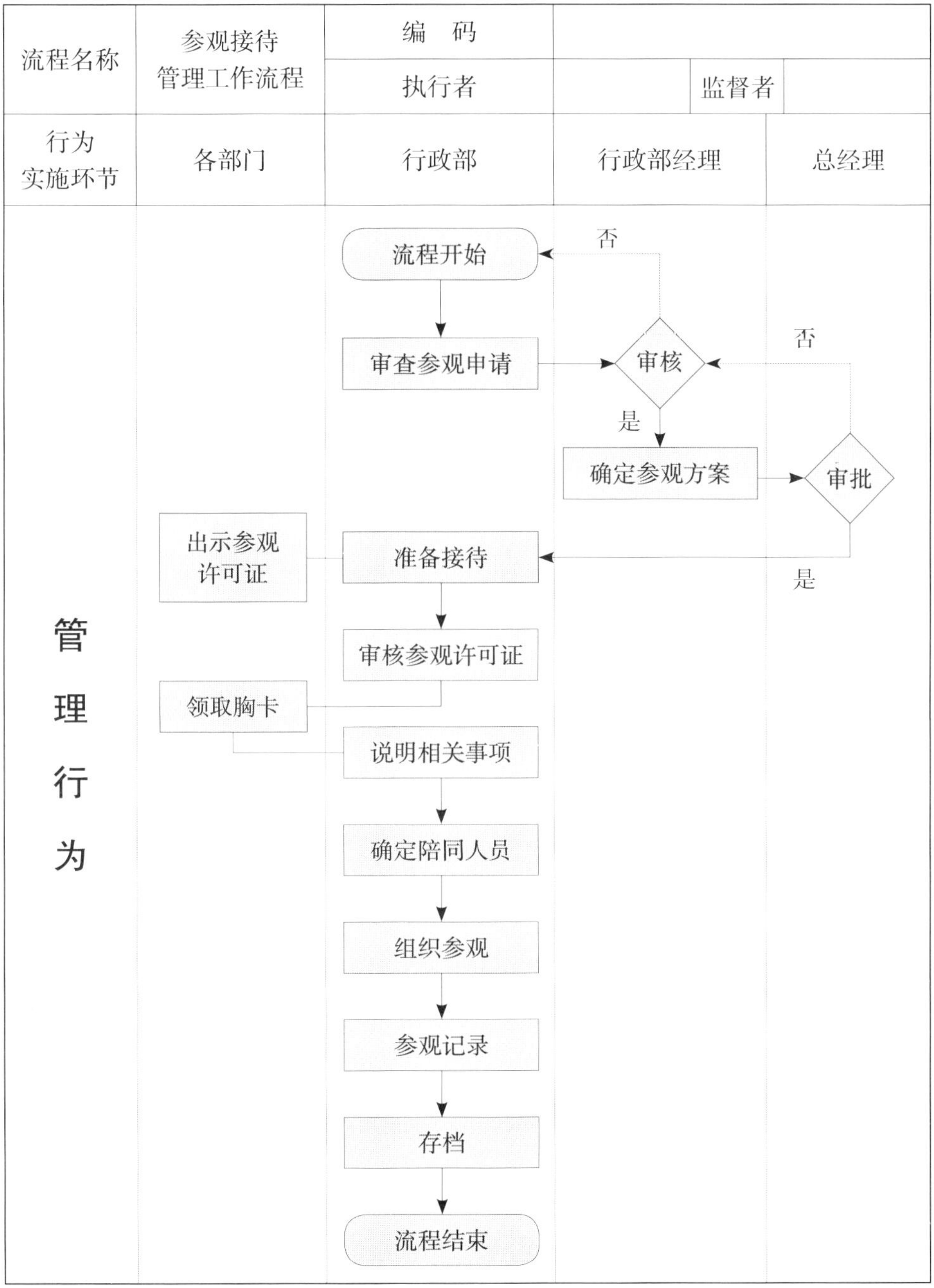

图1 参观接待管理工作流程

流程名称	客户接待管理工作流程	编　码			
		执行者		监督者	
行为实施环节	各部门		行政部经理		总经理

管理行为

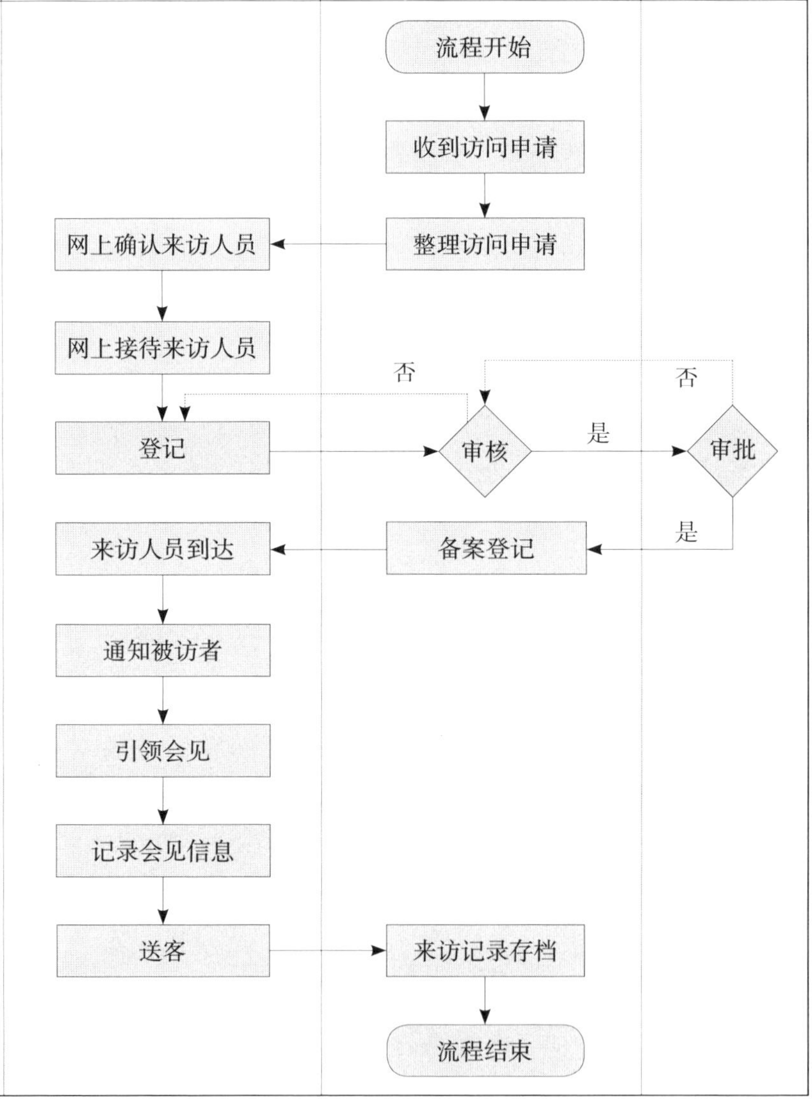

图2　客户接待管理工作流程

<table>
<tr><td rowspan="2">流程名称</td><td rowspan="2">客户就餐接待招待管理工作流程</td><td>编　码</td><td colspan="3"></td></tr>
<tr><td>执行者</td><td></td><td>监督者</td><td></td></tr>
<tr><td>行为
实施环节</td><td colspan="2">各部门</td><td colspan="2">行政部经理</td><td>总经理</td></tr>
<tr><td>管理行为</td><td colspan="5">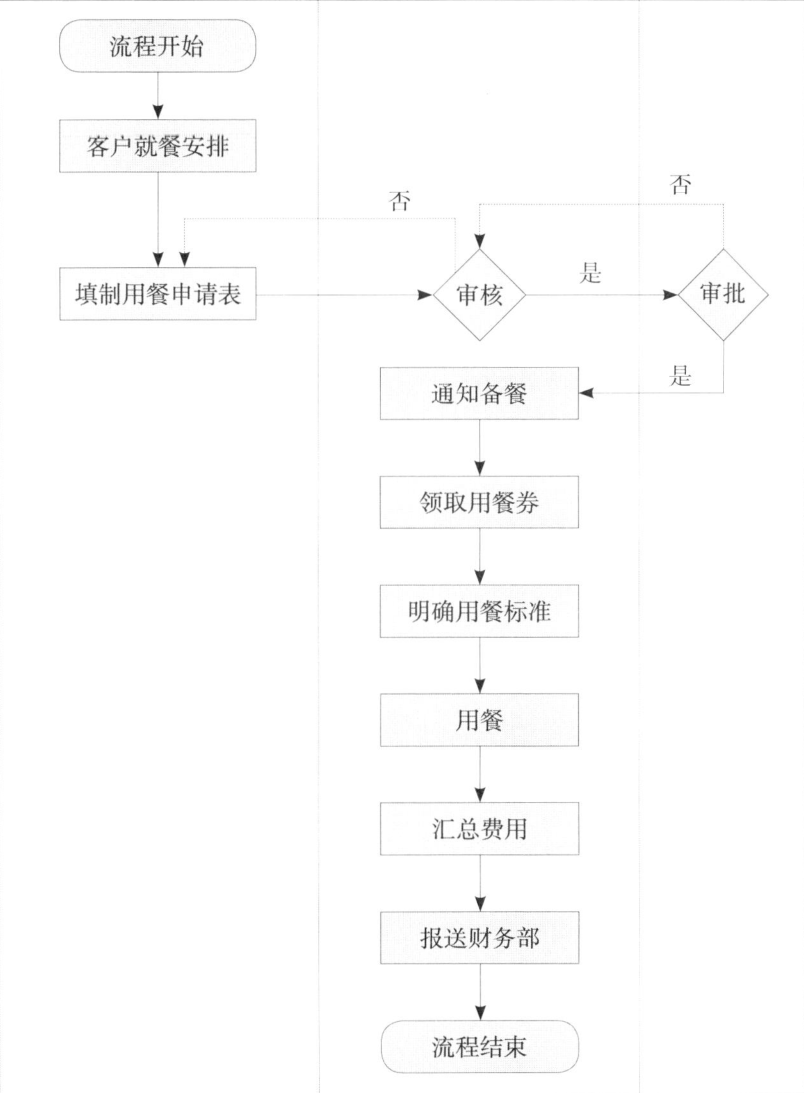</td></tr>
</table>

图3　客户就餐接待招待管理工作流程

流程名称	员工辞退管理工作流程	编码		
		执行者		监督者
行为实施环节	各部门	行政部	行政部经理	总经理

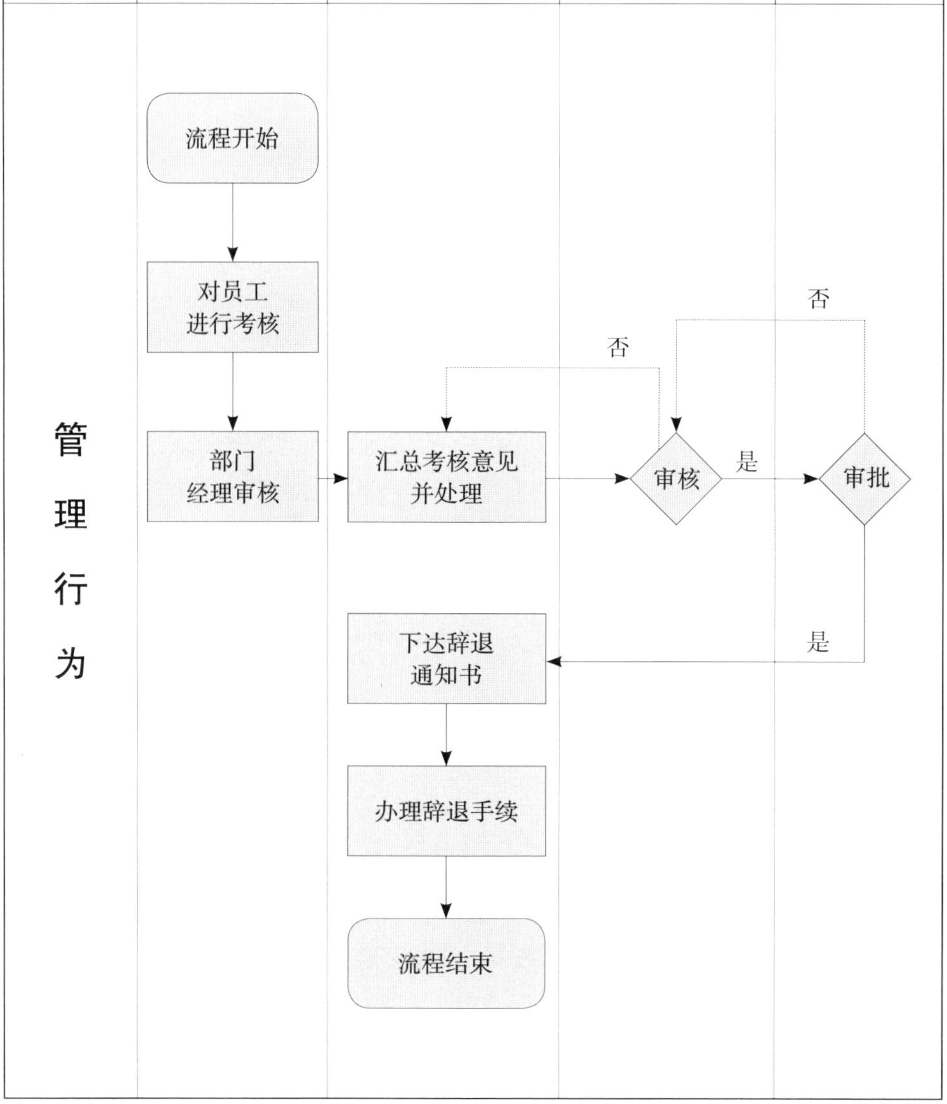

图4 员工辞退管理工作流程

流程名称	员工劳动合同管理工作流程	编　码		
		执行者		监督者
行为实施环节	部门经理	行政部	总经理	

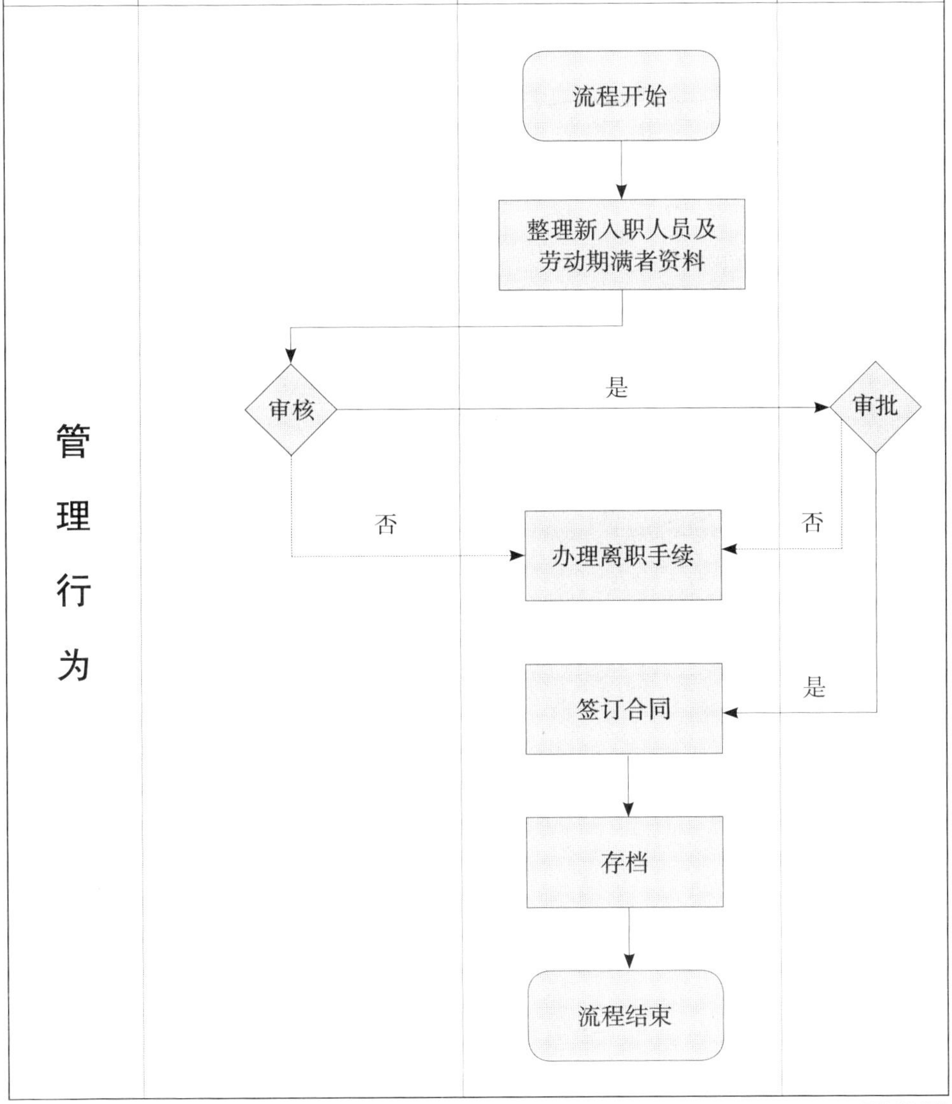

图5　员工劳动合同管理工作流程

流程名称	制订培训计划管理工作流程	编　码			
		执行者		监督者	
行为实施环节	各部门	行政部	行政部经理	总经理	

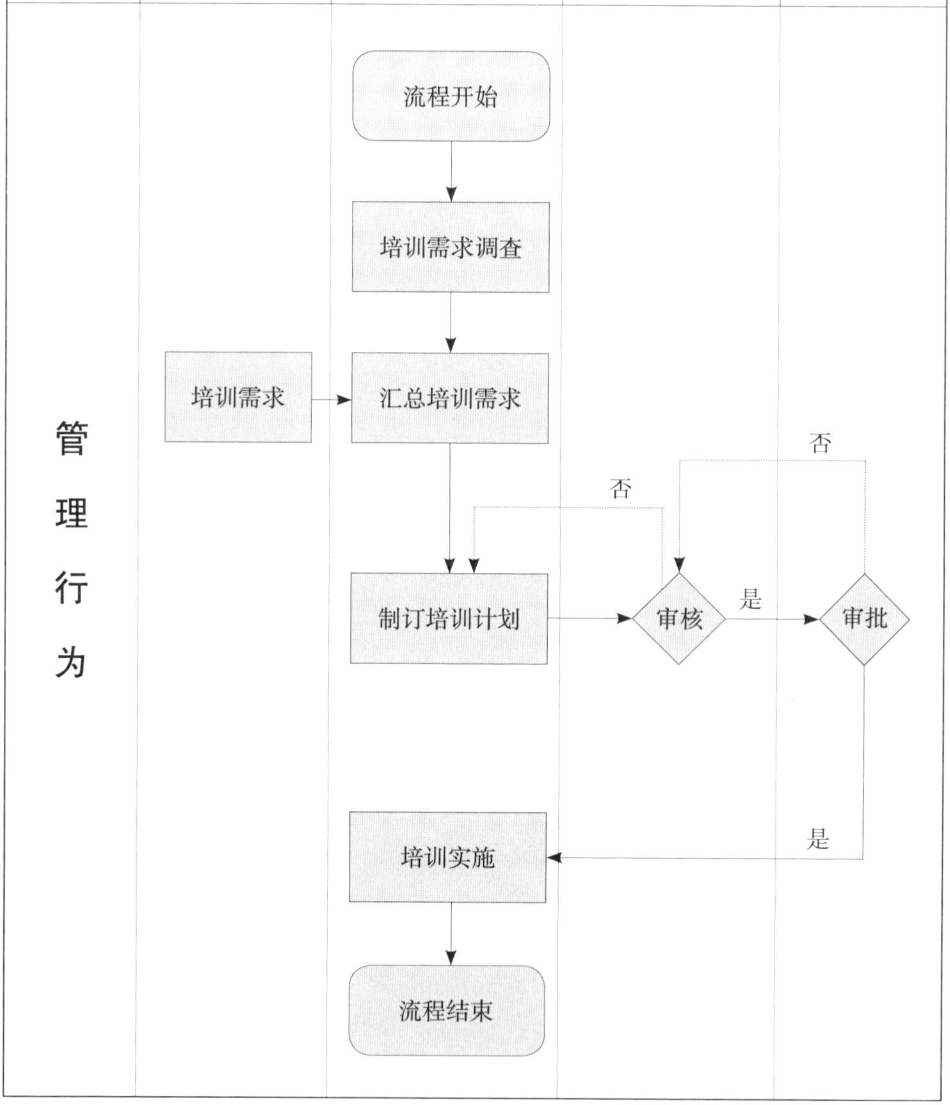

图6　制订培训计划管理工作流程

流程名称	试用期考核管理工作流程	编码		
		执行者		监督者
行为实施环节	各部门	行政部	行政部经理	总经理
管理行为				

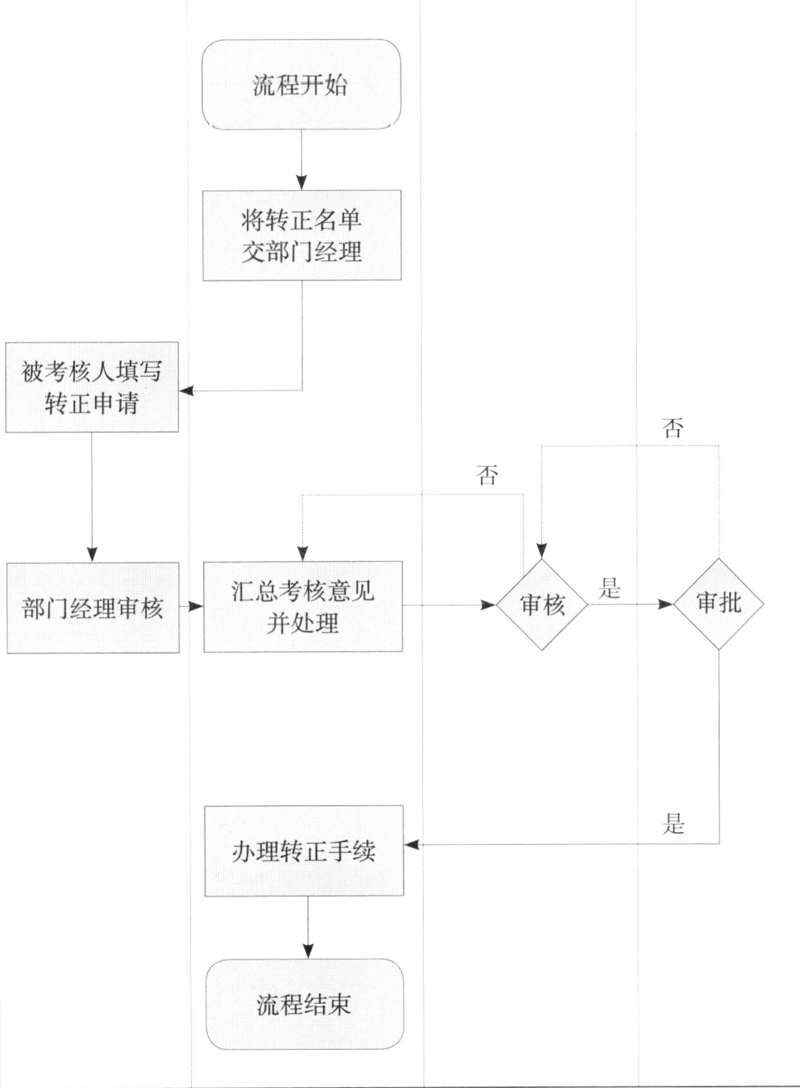

图7 试用期考核管理工作流程

流程名称	招聘录用管理工作流程	编　码		
		执行者		监督者	
行为实施环节	各部门	行政部	行政部经理	

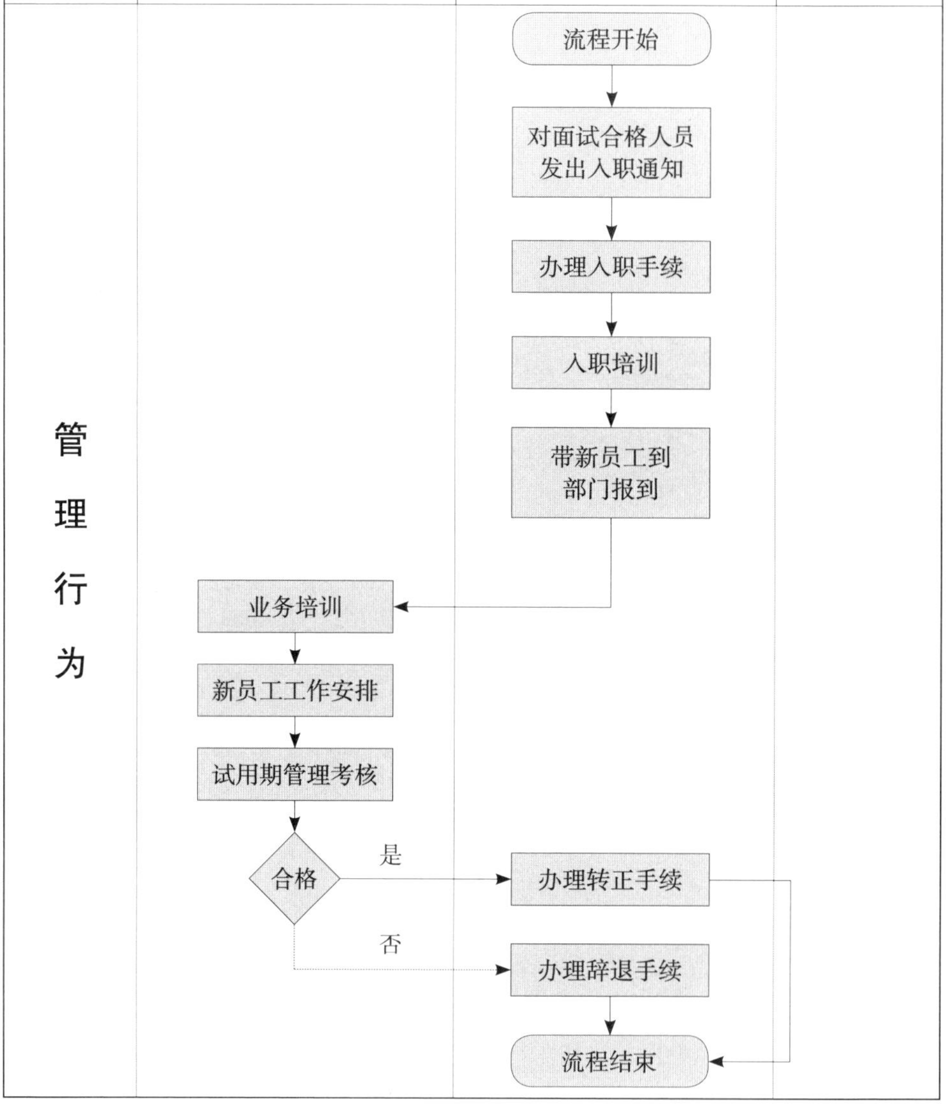

图8　招聘录用管理工作流程

流程名称	招聘管理工作流程	编码			
		执行者		监督者	
行为实施环节	行政部	行政部经理	总经理		

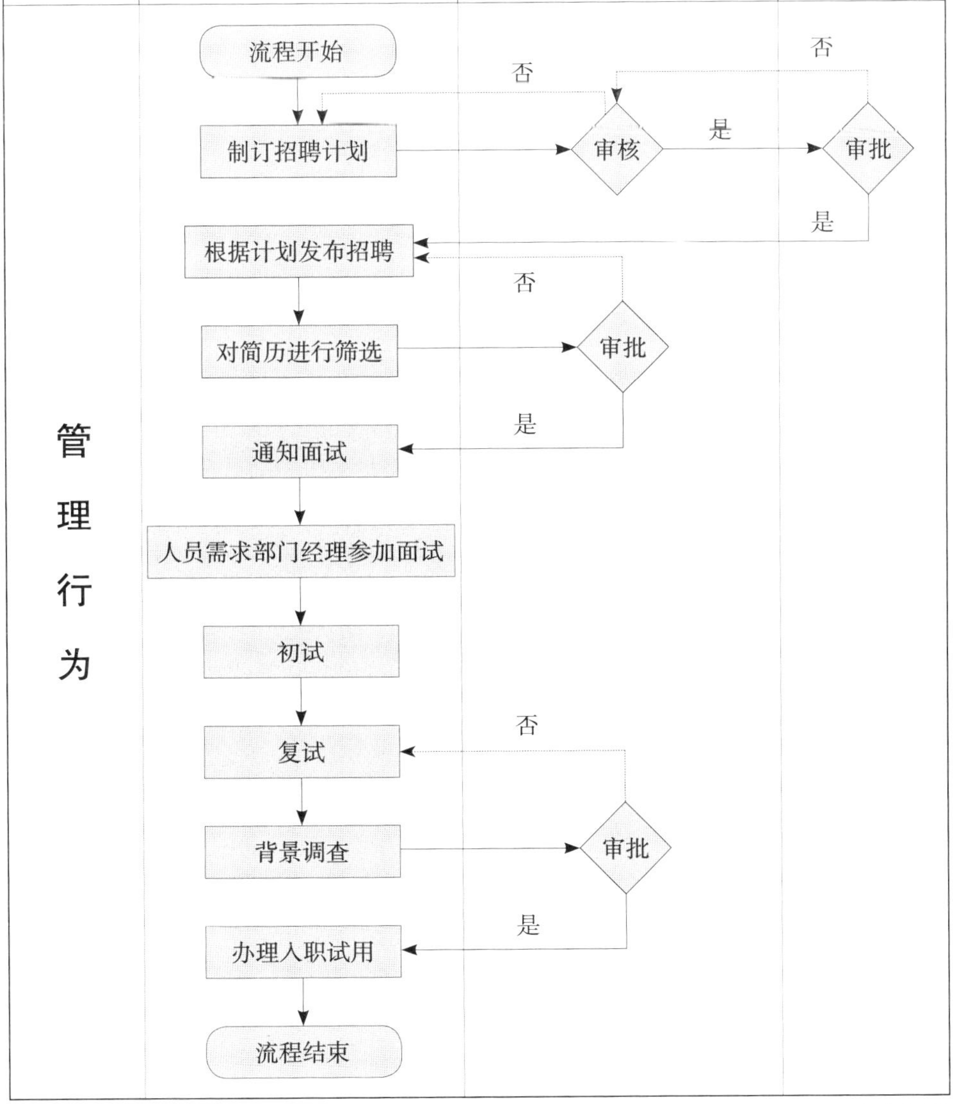

图9 招聘管理工作流程

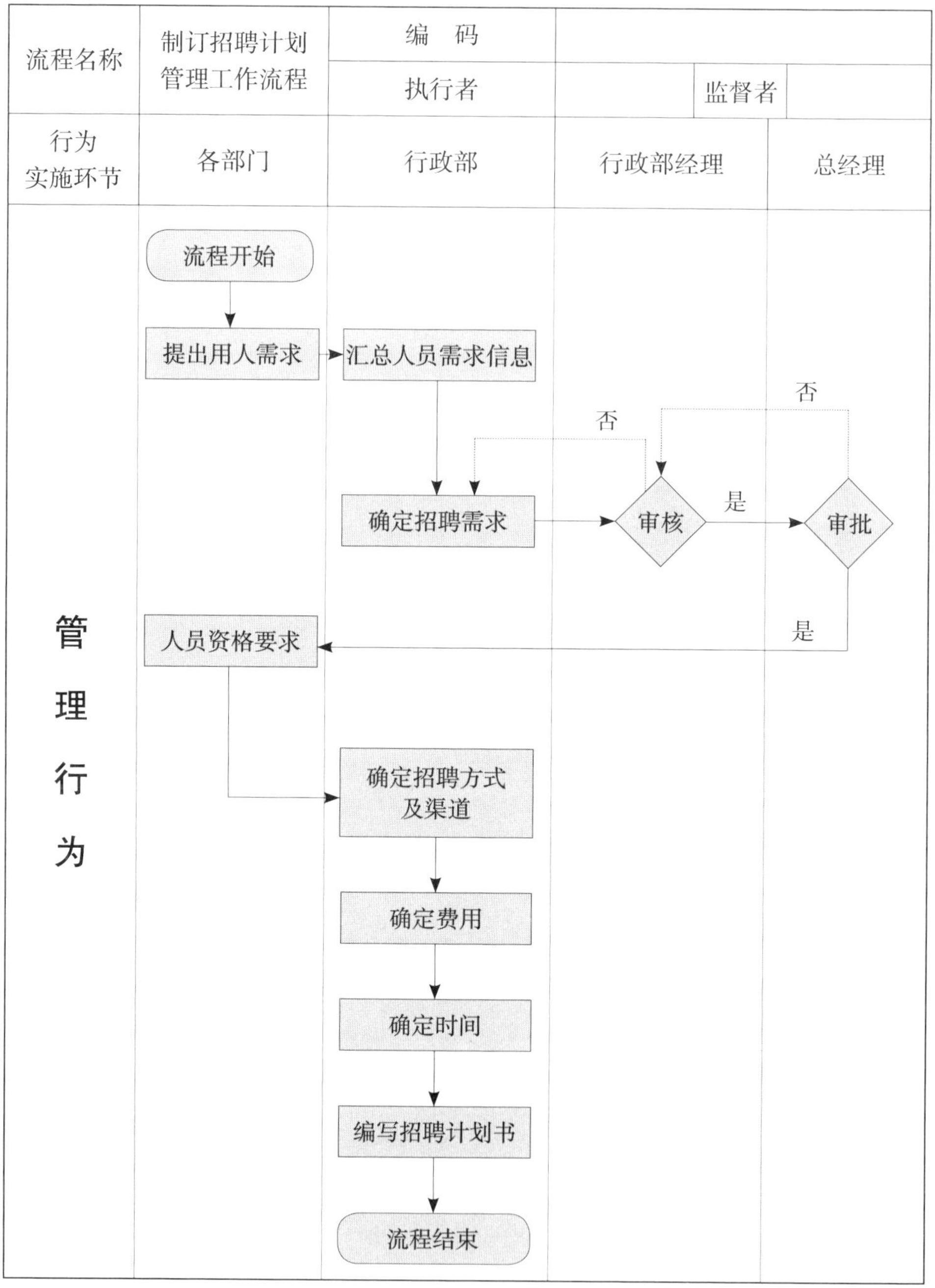

图10　制订招聘计划管理工作流程

企业中的一切工作都应该有流程，希望以上的工作流程图可以给大家一些启发，结合各自企业的实际情况，梳理出专属的工作流程。

设计好工作流程之后，并不是一劳永逸了，而是要在实际工作中不断优化和完善，配合企业的发展目标持续提升工作效率。

我们来看看大公司是如何完成流程优化的。

举例，携程公司经常会接到关于机票或酒店订单出错的投诉，他们是如何优化这个流程的呢？首先，把错误率低或者零错误率的员工组织起来，成立项目组，让每个人都说出自己处理订单的工作流程以及工作上零失误的技巧，进行书面记录。这样做的目的是为了寻找规律，总结规律，形成一套方法论。然后选定某一部门测试方法论的效果，如果投诉率降低，证明方法有效，就可以在公司层面进行应用。

假设原来携程公司的订单错误率为5%，在导入方法论后订单错误率降到3%，在三个月内为公司节省了1000万元的成本，公司就会拿出500万元奖励给项目组。

同样的方法，也可以用在提升公司的成交率上。首先把成交率高的员工组织起来，成立项目组，探讨并总结提升成交率的方法。假设公司的成交率为50%，在使用了项目组给出的方法后成交率提升至70%，产生了巨大的经济效益，公司拿出增长利润的一半奖励给项目组。通过这样的方式激发员工的智慧，促进公司更好的发展。

构筑企业管理系统的最好方式就是要善用员工的聪明才智，如果老板不能在工作时间内最大限度地发挥员工的能力，就是在给别人培养人才。

第三节

提升时间管理效率，解放自己

一流的人处理明天的工作，二流的人处理今天的工作，三流的人处理昨天的工作。

管理可以分为两种，一是如何管理别人，二是如何管理自己。管理别人叫作组织管理，管理自己叫作自我管理。前面的章节我们重点讲了组织管理，本节我们谈一谈自我管理。

自我管理包括时间管理、沟通管理、健康管理、廉政管理、子女管理等一系列的课题，此处我们重点讲一下时间管理。

很多老板之所以很忙，就是因为时间管理做得不好。

人的时间是有限的，但事情是无限的，用有限的时间去做无限的事情，这本身就是不正确的。但为什么有些人能在年轻的时候，就用极少的时间创造出一个很好的结果？因为他们会善用时间管理。一人一天只有24小时，但每个人的产出不同，所以结果大不相同。

人的一生当中，所有的事情都可以归入四个象限：（图11）

第一象限：最重要，最紧急。

第二象限：不重要，最紧急。

第三象限：不重要，不紧急。

第四象限：最重要，不紧急。

图11 时间管理象限图

举例，当下企业濒临倒闭，急需找到方法帮助企业起死回生，这件事情就是最重要又最紧急的；开会，是不重要但最紧急的。追剧，就是不重要又不紧急的；学习企业经营管理，是最重要但不紧急的。

有些人每天都在做鸡毛蒜皮的小事，把自己弄得很忙，却没有任何成果，就是因为没有把时间花在最重要的事情上。

其实人生应该做的是最重要但不紧急的事情，而不是最重要最紧急的事情。之所以很多人都在做最重要最紧急的事情，主要是没有做好规划。低水平的管理者就是“救火队长”，总是被层出不穷的突发状况搞得焦头烂额。高水平的管理者则是提前做好布局和规划，按部就班地完成最重要但不紧急的事情。

很多人习惯不好，做事缺少计划，没有一个具体的时间规划表，都是想到哪儿做到哪儿。比如某个员工早上到公司开始处理事件A，处理过程中想到了事件B，于是放下事件A处理事件B，结果处理了一半又想到了事件C……一天下来，这位员工经手的事件有很多，但没有一件是处理完成的，于是第二天上班，又重复处理前一天的事情。

一流的人处理明天的工作，二流的人处理今天的工作，三流的人处理昨天的工作。

衡量一个人的身价有多少，就看他做的事情到底是过去的事，今天的事，还是明天的事。

优秀的管理者都比手下清闲，因为管理者最重要的工作是先让下属忙起来。下属能做的事情，管理者就不要去做。只有管理者闲了才能有时间去思考，规划更长远的未来。

接下来给大家分享一套时间管理方法，只要严格按照此方法执行，就会养成一个非常好的工作习惯，可以轻松面对工作和生活中的所有挑战。这个方法虽然简单，但超级实用，只需要准备一个记事本即可。

每天晚上睡觉前在笔记本上写出明天要做的六件事，按照事情的重要程度和紧急程度进行排序。最重要最紧急的排在第一位，依此类推。大家记住，列出的事项一定不要超过六件。如果你每天都能够完成六件事，除去周末，一周就可以完成三十件，一个月就可以完成一百二十件。

当按照顺序排列出这六件事情后，需要做的事情就是集中精力，在没有处理好第一件事情前，绝对不碰第二件事情，第二件事情没有做完前，也永远不要碰第三件事情。依此类推，直到把所有事情处理完毕为止。如果大家能够养成这个工作习惯，我敢保证大家的工作效率一定会大大提升，赚钱的速度也会越来越快。

其实很多时候，当你把最重要的事情处理完之后，其他的事情完全可以不用做了，因为其他的事情即使不处理也不会影响最终结果。但是很多人没有这样的工作习惯，往往在最重要的事情上遇到困难，就转去做第二件事了。当第二件事也遇到了困难，又跑去做第三件事，最后的结果就是捡了芝麻丢了西瓜。

所有创业者都必须具备一项特质，就是不达目的誓不罢休。很多人之所以无法把事情做好，根本原因是缺乏韧劲。很多人只是停留在问题本身，却没有一定要解决问题的决心，所以困难永远无法突破。

我每天的作息时间都很标准，早上7点起床，锻炼半小时，吃早餐，每天晚上10点30分之前准时睡觉。但是有很多人没有自律能力，晚上不睡早上不起，想干嘛就干嘛。如果你只是一个人无所谓，但是如果你是公司的老板，背后有一大群员工，他们的未来都寄托在你的身上，这时你还能想干嘛就干嘛？

所以，人生比到最后，比的就是自控能力。如果你能做好时间管理，就能用最短的时间产生最大的价值，最终取得最好的结果。

还有一点，很多老板从来没有计算过自己的时间价值。什么是时间价值？举个例子，我作为讲师每小时的课酬是16万元，相当于每分钟的课酬是2666元，一秒钟44元。大家可以帮我想一下，作为每秒钟赚44元的人，我该做什么样的事情？是不是要做每秒钟能赚超过44元以上的事情。

如果聘请一个总监，核算下来每小时的成本为300元，结果这位总监在公司做的都是经理该干的事儿，而经理的成本是每小时100元。大家算一算，花300元请的总监结果做的是100元经理的活儿，请问老板亏不亏？

所以大家一定要清楚，用什么级别的人来做什么事，确保时间价值和投入产出成正比。如果大家能够按照以上的原则去做，相信企业一定会管理得越来越轻松。

第四节

开好晨会和夕会，确保百分百达成公司目标

创业者的两会：必须会，一定得会。

成功者的两会：开会，培训会。

企业的两会：晨会，夕会。

在企业管理中，开会是最重要的方法之一。通过会议可以有效地沟通，完成信息的共享，进行头脑风暴想出更好的点子，有助于团队达成共识，更好地实现目标。

在经营中，高层需要有战略共创会，中层需要有战略共识会。在管理中，需要有年会、季会、月会、周会和日会，日会又分为晨会和夕会。

本节重点和大家分享企业如何开好晨会和夕会，因为这两个会议是企业达成经营目标最重要的手段。经营的方法我在这里就不过多赘

述了，大家有兴趣可以在《经与营》这本书中寻找答案。

一日之计在于晨，但很多公司的晨会流于形式，要么喊口号，要么娱乐消遣。其实晨会是战略会议，真正的晨会是为了帮助大家明确一天的目标。管理者倾听员工的目标和计划，并给予其鼓励，同时对偏离方向的员工进行思想纠正，防止员工在错误的道路上越走越远，浪费公司资源。

俗话说：不要用战术上的勤奋来弥补战略上的懒惰。如果晨会的战略就是错误的，肯定不会产生好的结果。正确的方法是管理者带动氛围，激发团队的士气后，每个员工用一分钟的时间说出自己今天的目标：干什么？为何干？如何干？

具体简化为五句话：

（1）我今天要达成的目标是什么？即业务员的业绩目标或其他员工要完成的六件事情。

（2）我为什么要达成这个目标或完成这几件事？

（3）我准备如何达成这个目标或完成这几件事？列出具体方法、步骤和关键节点。

（4）要达成这个目标或完成这几件事需要哪些资源？是否已经准备好？

（5）如果工作中碰到问题需要找谁协助？

管理者通过前两个问题，判断员工的方向是否正确，如果目标设定不合理，就要及时纠正，防止无用功。管理者借由后面三个问题，判断员工的方法是否可行，并给予指点和引导。

为什么要提前定目标，做计划？因为一和二不明确，后面的努力没有意义；三四五没有落实，实现目标只能靠运气。每个人只有创造结果才能生存，公司需要把有效的过程复制给团队，才能基业长青。

聊完了晨会，接下来我们谈一下夕会。曾子曰：吾日三省吾身。但很多公司没有夕会，或者夕会只是流于形式，走走过场。其实夕会是复盘会，真正的夕会是对一天工作的总结与反思。管理者通过倾听员工的总结及反思给予肯定和指点，让有结果的人第二天表现得更好，帮助未能取得结果的人找到阻碍他达成目标的难点，形成良性循环，防止员工在错误的道路上越走越远，影响目标的实现。

人要成功必须学会复盘，总结规律，才能从成功走向更大的成功。正确的方法是每个员工用一分钟的时间说出自己今天是否达成目标，自我剖析达成和未达成的原因，总结规律以应对今后的工作。

具体简化为5句话：

（1）我今天的目标达成了多少？

（2）今天我做对了什么？今天使用的方法、步骤和关键节点。

（3）今天我在工作中哪里可以做得更好？如果目标达成，在此过程中是否可以优化流程，更快更好地取得结果？如果目标未达成，未达成的原因是什么？背后的原因又是什么？至少追问5个为什么。

（4）如果下次再遇到同样的问题我该如何处理？

（5）明天我要采取哪些行动才能确保实现我的目标？

通过以上5个问题，可以总结出成功的规律——继续做，找出错误的地方——停止做，发现新的改善机会——开始做。

管理者最重要的工作是协助未达成目标的员工找到原因，通过不断追问“为什么”找出员工的障碍，只有帮助员工找到思考的盲点，才能防止员工陷入失败的循环。

注：“五个为什么”指的是面对发现的问题，要通过连续追问五个或者更多为什么，找到其背后的真正原因。

举例，丰田公司生产线上的机器总是停转，虽然修过多次但仍不见好转。于是，管理者与工人进行了以下的问答：

一问：为什么机器停了？答：因为超过了负荷，保险丝就断了。

二问：为什么超负荷呢？答：因为轴承的润滑不够。

三问：为什么润滑不够？答：因为润滑泵吸不上油来。

四问：为什么吸不上油来？答：因为油泵轴磨损、松动了。

五问：为什么磨损了呢？答：因为没有安装过滤器，混进了铁屑等杂质。

所谓连续追问，其实针对的是工人做事情差不多就行、浅尝辄止、糊弄一时的态度。只有真正逼近问题的根源，逻辑才会清晰浮现。

这个世界上，通往成功的道路是目标始终如一，长期坚持不懈。无论公司还是个人，每天都需要明确自己的目标，并想尽一切办法来实现这个目标，不断优化行动方案，直至达成目标！

管与理

附 录

岗位说明书

一、高层管理者岗位说明书

“总经理/总裁”岗位说明书

职位名称	总经理/总裁	职位代码		所属部门	
职　　系		职等职级		直属上级	董事会
薪金标准		填写日期		核 准 人	

职位概要：

制定和实施公司总体战略与年度经营计划；建立和健全公司的管理体系与组织架构；主持公司的日常经营管理工作，实现公司经营管理目标和发展目标。

工作内容：

____根据董事会或集团公司提出的战略目标，制定公司战略，提出公司的业务规划、经营方针和经营形式，经集团公司或董事会确定后组织实施；

____主持公司的基本团队建设、规范内部管理；

____拟订公司内部管理机构设置方案和基本管理制度；

____审定公司具体规章制度、奖罚条例、工资奖金分配方案，审定经济责任挂钩办法并组织实施；

____审核签发以公司名义发出的文件；

____召集、主持总经理办公会议，检查、督促和协调各部门的工作进展，主持召开行政例会、专题会，总结工作、听取汇报；

____主持公司的全面经营管理工作，组织实施董事会决议；

____向董事会或集团公司提出企业的更新改造发展规划方案、预算外开支计划；

____处理公司重大突发事件；

____推进公司企业文化的建设工作。

任职资格：

教育背景：

◆企业管理、工商管理、行政管理等相关专业硕士及以上学历。

培训经历：

◆接受过领导力开发、战略管理、组织变革管理、人力资源管理、财务管理、经济法等方面的培训。

经　　验：

◆10年以上企业管理工作经验，5年以上企业全面管理工作经验。

技能技巧：

◆熟悉企业业务和运营流程；

◆在团队管理方面有极强的领导技巧和才能；

◆掌握先进企业管理模式及精要，具有先进的管理理念；

◆善于制定企业发展战略及具备把握企业发展全局的能力；

◆熟悉企业全面运作、企业经营管理、各部门工作流程；

◆具有敏锐的商业触觉、优异的工作业绩；

◆良好的中英文写作、口语、阅读能力；

◆具备基本的网络知识；

◆熟练使用办公软件。

态　　度：

◆具有优秀的领导能力、出色的人际交往和社会活动能力；

◆善于协调、沟通，责任心、事业心强；

◆亲和力、判断能力、决策能力、计划能力、谈判能力强；

◆为人干练、踏实；

◆良好的敬业精神和职业道德操守，有很强的感召力和凝聚力。

工作条件：

工作场所：办公室。

环境状况：舒适。

危 险 性：基本无危险，无职业病危险。

注：“__”指每一项工作职责在职位承担者的总工作时间中所占的百分比。

直接下属____________________　　间接下属____________________

晋升方向____________________　　轮转岗位____________________

"财务总监"岗位说明书

职位名称	财务总监	职位代码		所属部门	财务部
职　　系		职等职级		直属上级	董事会
薪金标准		填写日期		核 准 人	

职位概要：

制定公司的财务战略，负责财务管理及内部控制工作，筹集公司的运营资金，完成企业财务计划。

工作内容：

____运用财务核算与会计管理为公司决策提供依据，协助总经理制定公司战略，并主持制定公司财务战略；
____完善财务团队，建立科学、系统、符合企业实际情况的财务核算体系和财务监控体系，有效内控；
____制定公司资金运营计划，监督资金管理报告和预算、决算；
____对公司投资活动所需要的资金筹措方式进行成本计算，并提供最为经济的资金筹措方式；
____筹集公司运营所需资金，保证公司战略发展的资金需求，审批公司重大资金流向；
____对重大投资项目和经营活动进行风险评估、指导、跟踪和财务风险控制；
____协调公司和银行、工商、税务等政府部门的关系，维护公司利益；
____参与公司重要事项的分析和决策，为企业的生产经营、业务发展及对外投资等事项提供财务分析和决策依据；
____审核财务报表，提交财务管理工作报告；
____完成总经理临时交办的其他任务。

任职资格：

教育背景：

◆会计、财务或相关专业大学本科及以上学历。

培训经历：

◆接受过管理学、战略管理、组织变革管理、人力资源管理、经济法等方面的培训。

经　　验：

◆8年以上跨国企业或大型企业集团财务管理工作经验。

技能技巧：

◆具有较全面的财会专业理论知识、现代企业管理知识，熟悉财经法律法规和制度；
◆熟悉财务相关法律法规、投资、进出口贸易、企业财务制度和流程；
◆参与过较大投资项目的分析、论证和决策；
◆熟悉税法政策、营运分析、成本控制及成本核算；
◆具有丰富的财务管理、资金筹划、融资及资本运作经验；
◆良好的口头及书面表达能力。

态　　度：

◆工作细致、严谨，具有战略前瞻性思维；
◆具有较强的判断和决策能力、人际沟通和协调能力、计划与执行能力；
◆具有较强的工作热情和责任感。

工作条件：

工作场所：办公室。
环境状况：舒适。
危 险 性：基本无危险，无职业病危险。

注："__"指每一项工作职责在职位承担者的总工作时间中所占的百分比。

直接下属____________　　间接下属____________
晋升方向____________　　轮转岗位____________

“市场总监”岗位说明书

职位名称	市场总监	职位代码		所属部门	市场部
职　　系		职等职级		直属上级	总经理
薪金标准		填写日期		核 准 人	

职位概要：

制定公司的市场战略、营销策略并推进实施，实现市场发展目标。

工作内容：

____协助总经理制定公司总体市场发展战略以及市场发展目标；
____拓展公司的市场策略，把握公司在行业中的发展方向，完成市场定位，及时提供市场反馈；
____制订和实施年度市场推广计划和产品计划，协助营销中心制订业务计划，配合推广；
____制定与实施各产品线价格体系及营销战略、营销策略、地区覆盖策略及推广计划，组织培训；
____制定公司品牌管理策略，维护公司品牌形象；
____指导、参与市场的开拓、渠道管理等日常工作；
____监督管控公司市场费用的使用；
____本部门的管理工作。

任职资格：

教育背景：
◆市场营销或相关专业本科及以上学历。
培训经历：
◆接受过战略管理、组织变革管理、管理能力开发、市场营销、合同法、财务管理、谈判技巧等方面的培训。
经　　验：
◆8年以上企业市场管理工作经验，3年以上市场部经理工作经验。
技能技巧：
◆对市场营销工作有深刻认知；
◆有较强的市场感知能力、敏锐地把握市场动态、市场方向的能力；
◆密切的媒体合作关系，具备大型活动的现场管理能力；
◆熟练操作办公软件；
◆优秀的英语听、说、读、写能力。
态　　度：
◆工作努力，积极进取，责任心强；
◆具有高度的工作热情，良好的团队合作精神；
◆较强的观察力和应变能力；
◆出色的人际沟通能力、团队建设能力、组织开拓能力。

工作条件：

工作场所：办公室。
环境状况：基本舒适。
危 险 性：基本无危险，无职业病危险。

注：“__”指每一项工作职责在职位承担者的总工作时间中所占的百分比。

直接下属______________________　　间接下属______________________
晋升方向______________________　　轮转岗位______________________

"销售总监"岗位说明书

职位名称	销售总监	职位代码		所属部门	销售部
职　　系		职等职级		直属上级	总经理
薪金标准		填写日期		核 准 人	

职位概要：

制定并推进实施全面的销售战略、销售方案，有效地管理客户。

工作内容：

____协助总经理制定全面的销售战略；
____制订并组织实施完整的销售方案；
____与客户、同行业间建立良好的合作关系；
____引导和控制市场销售工作的方向和进度；
____组织部门开发多种销售方式，完成销售计划及回款任务；
____管理销售人员，帮助建立、补充、发展、培养销售队伍；
____掌握市场动态，熟悉市场状况并有独特见解；
____有效管理全国的经销商；
____主持公司重大营销合同的谈判与签订工作；
____协助处理大客户投诉，跟踪处理投诉结果，并进行客户满意度调查；
____进行客户分析，建立客户关系，挖掘客户需求；
____深入了解本行业，把握最新销售信息，为企业业务发展提供战略依据；
____完成总经理临时交办的其他任务。

任职资格：

教育背景：

◆管理、市场营销等专业本科及以上学历。

培训经历：

◆接受过战略管理、市场营销、管理技能开发、组织变革管理、合同法、财务管理等方面的培训。

经　　验：

◆8年以上销售、市场营销管理工作经验。

技能技巧：

◆熟悉现代管理模式，熟练运用各种激励措施；
◆拥有丰富的市场营销策划经验，熟悉行业发展现状，能够识别潜在的商业合作伙伴；
◆具备优秀的营销技巧，较强的市场策划能力和运作能力；
◆良好的口头及书面表达能力。

态　　度：

◆工作细致、严谨，具有战略前瞻性思维；
◆具有较强的管理能力、判断和决策能力、人际沟通协调能力、计划与执行能力；
◆具有优秀的市场拓展、项目协调、谈判能力；
◆具有高度的工作热情和责任感。

工作条件：

工作场所：办公室。
环境状况：舒适。
危 险 性：基本无危险，无职业病危险。

注："__"指每一项工作职责在职位承担者的总工作时间中所占的百分比。

直接下属________________　　间接下属________________
晋升方向________________　　轮转岗位________________

“生产总监”岗位说明书

职位名称	生产总监	职位代码		所属部门	生产部
职　　系		职等职级		直属上级	总经理
薪金标准		填写日期		核 准 人	

职位概要：

组织制订并实施公司的生产战略计划，管控和监督生产系统，以实现公司的生产目标。

工作内容：

____参与制订公司发展战略与年度经营计划；
____组织制订并实施生产战略规划；
____组织制订、调整年度生产计划及总预算；
____按照工作流程做好与技术、营销、财务部门的横向联系；
____建立和完善质量管理制度，组织实施并监督、检查生产质量体系的运行；
____随时掌握生产过程中的产品质量状态，协调各部门之间的沟通合作，及时解决生产问题；
____组织新技术、新工艺、新设备的应用推广；
____调控生产过程各项工艺、质量、设备、成本、产量指标等；
____管理工厂维护部门对工厂基础设备维护，确保设备处于良好状态，保证正常生产；
____指导、监督、检查所属下级的各项工作，掌握工作情况和有关数据；
____综合平衡年度生产任务，制订下达月度生产计划，做到均衡生产；
____代表公司与政府对口部门、有关社会团体及机构的联络。

任职资格：

教育背景：

◆理工类或相关专业本科及以上学历。

培训经历：

◆接受过战略管理、管理能力开发、生产管理、市场营销、财务管理等方面的培训。

经　　验：

◆5年以上相关行业生产管理协调经验，在部门经理岗位上工作2年以上。

技能技巧：

◆熟悉所在行业的生产过程，熟悉原材料的供应渠道；
◆熟悉生产规程以及质量标准；
◆具备良好的生产经营管理理念，有一定的财务与法律知识；
◆熟练使用办公软件；
◆良好的英文基础。

态　　度：

◆优秀的领导能力、判断与决策能力、计划与执行能力、沟通能力、谈判能力；
◆能承受较大的工作压力；
◆能够带领团队，较好的团队合作精神。

工作条件：

工作场所：办公室。
环境状况：舒适。
危 险 性：基本无危险，无职业病危险。

注：“__”指每一项工作职责在职位承担者的总工作时间中所占的百分比。

直接下属____________　　间接下属____________
晋升方向____________　　轮转岗位____________

“技术总监”岗位说明书

职位名称	技术总监	职位代码		所属部门	技术部
职 系		职等职级		直属上级	总经理
薪金标准		填写日期		核 准 人	

职位概要：

全面主持公司研发与技术管理工作，规划公司的技术发展路线与新产品开发，实现公司技术创新。

工作内容：

____参与制订公司发展战略、年度经营计划和预算方案；
____组织研究行业最新产品的技术发展方向，主持制订技术发展战略规划；
____管理公司全部的核心技术，组织制定和实施重大技术决策和技术方案；
____及时了解和监督技术发展战略规划的执行情况；
____领导制定分管部门制度并组织实施年度工作计划，完成年度任务目标；
____主持新产品项目所需的设备选型、试制、改进以及生产线布局等工作；
____研究决策公司技术发展路线，规划公司产品；
____指导、审核项目总体技术方案，对各项目进行最后的质量评估；
____与用户进行技术交流，了解用户在技术与业务上的发展需求，解答用户提出的产品技术问题；
____对潜在及已有项目和用户的跟踪，管理区域内的用户拜访、技术交流、方案制作及合同谈判；
____制订技术人员的培训计划，并组织安排公司其他相关人员的技术培训。

任职资格：

教育背景：

◆与所在行业相关的专业硕士及以上学历。

培训经历：

◆接受过战略管理、管理能力开发、项目管理、创新管理、合同法等方面的培训。

经　　验：

◆在行业领域有5年以上研究开发及项目管理的工作经验。

技能技巧：

◆精通行业内的最新技术方法；
◆把握行业技术发展趋势和业务发展动向，对关键技术有自己独到的见解；
◆有很强的创造能力、拓展能力、抽象思维能力与项目管理能力；
◆熟悉企业产品结构、性能、机理、使用方法，有扎实的理论基础和技术工作经验。

态　　度：

◆有很强的判断、决策、计划与执行能力；
◆有良好的沟通、协调、组织和团队建设能力；
◆具有高度的工作热情，良好的职业道德。

工作条件：

工作场所：办公室。
环境状况：舒适。
危 险 性：基本无危险，无职业病危险。

注：“__”指每一项工作职责在职位承担者的总工作时间中所占的百分比。

直接下属____________　　间接下属____________
晋升方向____________　　轮转岗位____________

“行政总监”岗位说明书

职位名称	行政总监	职位代码		所属部门	行政部
职　　系		职等职级		直属上级	总经理
薪金标准		填写日期		核 准 人	

职位概要：

规划、指导、协调公司行政服务支持等各项工作，组织管理下属人员完成本职工作。

工作内容：

____组织制订行政部工作发展规划、计划与预算方案；
____组织制定行政管理规章制度，督促、检查制度的贯彻执行；
____组织协调公司年会、员工活动、市场活动等，负责外联工作，办理公司所需的各项证照；
____起草及归档公司相关文件；
____搜集、整理公司的内部信息，及时组织编写公司大事记；
____管理公司重要资质证件；
____组织来客接待和相关的外联工作；
____主持部门建设工作，建设及维护内部网络；
____协调公司内部行政人事等工作；
____对控制成本的方法提出建议。

任职资格：

教育背景：

◆秘书、中文、公关、行政管理等相关专业本科及以上学历。

培训经历：

◆接受过管理学、战略管理、管理技能开发、公共关系、财务知识等方面的培训。

经　　验：

◆5年以上行政管理工作经验。

技能技巧：

◆熟练的中英文写作、口语及阅读能力；
◆优秀的外联与公关能力，具备解决突发事件的能力；
◆较强的分析、解决问题能力，思路清晰，考虑问题细致；
◆熟练使用办公软件、办公自动化设备。

态　　度：

◆做事客观、严谨负责、踏实、敬业；
◆具有很强的人际沟通能力、协调组织能力以及高度的团队精神，责任心强。

工作条件：

工作场所：办公室。
环境状况：舒适。
危 险 性：基本无危险，无职业病危险。

注：“__”指每一项工作职责在职位承担者的总工作时间中所占的百分比。

直接下属____________　　间接下属____________
晋升方向____________　　轮转岗位____________

“人力资源总监”岗位说明书

职位名称	人力资源总监	职位代码		所属部门	人力资源部
职　　系		职等职级		直属上级	总经理
薪金标准		填写日期		核 准 人	

职位概要：

规划、指导、协调公司的人力资源管理与组织建设，最大限度地开发人力资源，促进公司经营目标的实现和长远发展。

工作内容：

____全面统筹规划公司的人力资源战略；

____建立并完善人力资源管理体系，研究、设计人力资源管理模式（包含招聘、绩效、培训、薪酬及员工发展等体系的全面建设），制定和完善人力资源管理制度；

____向公司高层决策者提交有关人力资源战略、组织建设等方面的建议，提高公司的综合管理水平；

____塑造、维护、发展和传播企业文化；

____组织制订公司人力资源发展的各种规划，并监督各项计划的实施；

____为公司主管以上的管理者制订职业生涯规划；

____及时处理公司管理过程中的重大人力资源问题；

____完成总经理临时交办的各项工作任务。

任职资格：

教育背景：

◆人力资源、管理或相关专业本科及以上学历。

培训经历：

◆接受过战略管理、人力资源管理、组织变革管理、管理能力开发等方面的培训。

经　　验：

◆8年以上相关工作经验，3年以上人力资源总监或人力资源部经理工作经验。

技能技巧：

◆具备现代人力资源管理理念和扎实的理论基础；

◆对现代企业人力资源管理模式有系统的了解和实践经验；

◆对人力资源管理各职能模块均有较深入的认识，能够指导各职能模块的工作；

◆熟悉国家、地区及企业关于合同管理、薪金制度、用人机制、保险福利待遇、培训等方面的法律法规及政策；

◆熟悉办公软件及相关的人事管理软件；

◆较好的英文听、说、读、写能力。

态　　度：

◆具有战略、策略化思维，有能力建立、整合不同的工作团队；

◆具有解决复杂问题的能力；

◆具有很强的计划性和执行能力；

◆具有很强的激励、沟通、协调、团队领导能力；

◆责任心、事业心强。

工作条件：

工作场所：办公室。

环境状况：舒适。

危 险 性：基本无危险，无职业病危险。

注：“__”指每一项工作职责在职位承担者的总工作时间中所占的百分比。

直接下属______________________　　间接下属______________________

晋升方向______________________　　轮转岗位______________________

二、中层管理者岗位说明书

“财务经理”岗位说明书

职位名称	财务经理	职位代码		所属部门	财务部
职　　系		职等职级		直属上级	财务总监
薪金标准		填写日期		核 准 人	

职位概要：

主持公司财务预决算、财务核算、会计监督和财务管理工作；组织协调、指导监督财务部日常管理工作，监督执行财务计划，完成公司财务目标。

工作内容：

____根据公司中、长期经营计划，组织编制公司年度综合财务计划和控制标准；
____建立、健全财务管理体系，对财务部门的日常管理、年度预算、资金运作等进行总体控制；
____主持财务报表及财务预决算的编制工作，为公司决策提供及时有效的财务分析；
____保证财务信息对外披露的正常进行，监督检查财务制度、预算的执行情况并及时调整；
____对公司税收进行整体筹划与管理，按时完成税务申报以及年度审计工作；
____精确监控和预测现金流量，监控公司负债和资本的合理结构，统筹管理资金运作及风险控制；
____对公司重大投资、融资、并购等提出建议和决策支持，参与风险评估、指导、跟踪和管控；
____参与确定公司的股利政策，促进与投资者的沟通顺畅，保证股东利益最大化；
____与财政、税务、银行、证券等相关部门及会计师事务所等相关机构建立并保持良好的关系；
____向上级主管汇报公司经营状况、经营成果、财务收支及计划，为公司高管提供财务分析，提出合理的建议。

任职资格：

教育背景：

◆会计、财务或相关专业本科及以上学历。

培训经历：

◆接受过管理学、战略管理、管理能力开发、企业运营流程、财务管理等方面的培训。

经　　验：

◆5年以上跨国企业或大型集团财务管理工作经验，有跨行业财务工作经历者优先考虑。

技能技巧：

◆具有全面的财务专业知识、账务处理及财务管理经验；
◆精通国家财税法律规范，具备优秀的职业判断能力和丰富的财会项目分析处理经验；
◆擅长资本运作，有证券融资及兼并收购的实际经验，有投融资方案设计能力，有多次投融资成功经验；
◆谙熟国际和国内会计准则以及相关的财务、税务、审计法规、政策；
◆熟悉境内外上市公司财务规则，从事过兼并、重组、上市等相关项目的具体实施；
◆良好的中英文口头及书面表达能力。

态　　度：

◆为人正直、责任心强、作风严谨，工作仔细认真；
◆有较强的沟通协调能力；
◆有良好的纪律性、团队合作以及开拓创新精神。

工作条件：

工作场所：办公室。
环境状况：舒适。
危 险 性：基本无危险，无职业病危险。

注：“_”指每一项工作职责在职位承担者的总工作时间中所占的百分比。

直接下属____________________　　间接下属____________________
晋升方向____________________　　轮转岗位____________________

“市场经理”岗位说明书

职位名称	市场经理	职位代码		所属部门	市场部
职　　系		职等职级		直属上级	市场总监
薪金标准		填写日期		核 准 人	

职位概要：

组织部门人员完成销售计划，管理销售工作，完成公司各种市场目标。

工作内容：

____组织编制公司年度、季度、月度销售计划及销售费用预算，并监督实施；

____组织调查公司产品和竞品在市场上的销售情况，综合客户的反馈意见，组织市场调查分析，市场机会开拓和合作伙伴开发；

____撰写市场调查报告，提交公司管理层；

____编制与销售直接相关的广告宣传计划，提交总经理；

____组织下属人员做好销售合同的签订、履行与管理工作，监督销售人员做好应收账款的催收工作；

____制定本部门相关的管理制度并监督检查下属人员的执行情况；

____组织对公司客户的售后服务，与技术部门联络以取得必要的技术支持；

____对下属进行业务指导和工作考核；

____组织建立销售统计台账，定期报送财务部。

任职资格：

教育背景：

◆市场营销、企业管理或相关专业本科及以上学历。

培训经历：

◆接受过管理技能开发、市场营销、合同法、财务基本知识等方面的培训。

经　　验：

◆8年以上市场管理工作经验，3年以上市场经理工作经验。

技能技巧：

◆对市场营销工作有较深刻认知；

◆有较强的市场感知能力，敏锐地把握市场动态、市场方向的能力；

◆有密切的媒体合作关系，具备大型活动的现场管理能力；

◆熟练操作办公软件；

◆优秀的英语听、说、读、写能力。

态　　度：

◆工作努力，积极进取，有良好的沟通、协调、组织能力；

◆具有高度的工作热情，良好的团队合作精神；

◆具有较强的观察力和应变能力。

工作条件：

工作场所：办公室。

环境状况：基本舒适。

危 险 性：基本无危险，无职业病危险。

注：“__”指每一项工作职责在职位承担者的总工作时间中所占的百分比。

直接下属____________________　　间接下属____________________

晋升方向____________________　　轮转岗位____________________

“销售经理”岗位说明书

职位名称	销售经理	职位代码		所属部门	销售部
职　　系		职等职级		直属上级	销售总监
薪金标准		填写日期		核 准 人	

职位概要：

管理公司的销售运作，带领销售队伍完成公司的销售计划和销售目标。

工作内容：

____根据区域市场发展和公司战略规划，协助销售总监制定总体销售战略、销售计划、量化销售目标；
____制定全年销售费用预算，完成公司下达的销售任务；
____制定销售额、市场覆盖率、市场占有率等各项评价指标；
____分解销售任务指标，制定责任、费用评价办法；
____制定、调整销售运营政策；
____组织、领导销售队伍完成销售目标，协调处理各类市场问题；
____汇总、协调货源需求计划以及制订货源调配计划；
____协调销售关系；
____调整销售区域布局及业务评价。

任职资格：

教育背景：
◆市场营销专业或相关专业本科及以上学历。
培训经历：
◆接受过市场营销、产品知识、产业经济、公共关系、管理技能开发等方面的培训。
经　　验：
◆5年以上企业销售管理工作经验。
技能技巧：
◆对市场营销工作有较深刻认知；
◆有良好的市场判断能力和开拓能力，有极强的组织管理能力；
◆熟练操作办公软件；
◆优秀的英语听、说、读、写能力。
态　　度：
◆正直、坦诚、成熟、豁达、自信；
◆具有高度的工作热情，良好的团队合作精神；
◆具有较强的观察力和应变能力。

工作条件：

工作场所：办公室。
环境状况：基本舒适。
危 险 性：基本无危险，无职业病危险。

注：“__”指每一项工作职责在职位承担者的总工作时间中所占的百分比。

直接下属______________________　　间接下属______________________
晋升方向______________________　　轮转岗位______________________

“渠道经理”岗位说明书

职位名称	渠道经理	职位代码		所属部门	销售部
职　　系		职等职级		直属上级	销售总监
薪金标准		填写日期		核 准 人	

职位概要：

建立与管理产品销售渠道，提供服务支持。

工作内容：

____对重要客户进行开拓、沟通与管理，制订合作方案；
____执行销售和市场推广方案；
____制定渠道策略，提供渠道服务支持；
____及时与客户沟通，反馈市场信息，做出处理意见；
____协助大区经理开拓、沟通和管理各区域的重要客户。

任职资格：

教育背景：

◆市场营销或相关专业大专及以上学历。

培训经历：

◆接受过市场营销、产品知识方面的培训。

经　　验：

◆2年以上的渠道管理经验。

技能技巧：

◆对市场营销工作有所了解；
◆良好的渠道客户关系管理；
◆熟悉市场营销渠道开发和建设业务；
◆熟练操作办公软件。

态　　度：

◆坦诚自信，有高度的工作热情；
◆思路清晰，有良好的沟通技巧和语言表达能力，性格开朗；
◆有良好的团队合作精神及独立工作能力，有敬业精神。

工作条件：

工作场所：办公室。
环境状况：舒适。
危 险 性：基本无危险，无职业病危险。

注：“__”指每一项工作职责在职位承担者的总工作时间中所占的百分比。

直接下属____________________　　间接下属____________________
晋升方向____________________　　轮转岗位____________________

“生产经理”岗位说明书

职位名称	生产经理	职位代码		所属部门	生产部
职　　系		职等职级		直属上级	生产总监
薪金标准		填写日期		核 准 人	

职位概要：

管理生产活动中的各种活动和资源，以达到公司对成本控制、产品数量以及质量等方面的要求。

工作内容：

____根据生产加工流程和技术要求确定所需人员的资格条件、工作步骤，分配工作任务；
____分析市场供应状况，对目前及未来的供应情况进行预测，完成相关分析报告；
____与研发部门密切合作开发新产品，革新技术和工艺流程以及改进产品质量；
____制订与实施库存计划和生产成本控制计划；
____主持与供应商的价格谈判；
____编制部门预算，审批部门各个环节的费用；
____协调制定维修、改造生产设施和设备的工作制度和工作流程；
____主持部门员工的任用、培训和考核等各项工作。

任职资格：

教育背景：
◆生产管理或理工科相关专业本科及以上学历。
培训经历：
◆接受过生产作业管理、管理学、管理技能开发、项目管理、产品知识等方面的培训。
经　　验：
◆5年以上生产作业管理工作经验。
技能技巧：
◆熟悉公司生产的工艺工序、工作原理；
◆熟练掌握公司产品及生产工艺技术应用方面的知识；
◆系统掌握管理知识技能；
◆熟练操作办公软件；
◆具备较强的口头及书面沟通能力和商务洽谈能力。
态　　度：
◆积极主动、灵活应变、认真负责；
◆具有较强的管理能力和影响力；
◆能吃苦耐劳，沟通协调能力强，具有团队精神。

工作条件：

工作场所：办公室以及生产场所。
环境状况：基本舒适。
危 险 性：基本无危险，无职业病危险。

注：“__”指每一项工作职责在职位承担者的总工作时间中所占的百分比。

直接下属____________________　间接下属____________________
晋升方向____________________　轮转岗位____________________

“工程技术经理”岗位说明书

职位名称	工程技术经理	职位代码		所属部门	技术部
职　　系		职等职级		直属上级	技术总监
薪金标准		填写日期		核 准 人	

职位概要：

制订并实施工程部门工作计划，推广完善各项管理制度，完成本部门日常管理工作。

工作内容：

____制订并组织实施本部门年度工作计划；

____制定与推进相关业务的技术与项目管理体系；

____编制和审批公司项目施工计划，定期总结分析项目施工任务完成情况，及时解决项目施工活动中遇到的问题；

____主持所有在施项目的安全管理；

____贯彻实施国家技术法规、规范、标准，组织工程项目的报验；

____领导本部门的成本费用核算与控制工作；

____主持本部门内部员工的招聘、考核、培训、管理工作；

____支持与协调本部门与其他部门之间的工作，配合相关部门完成公司相关技术资质的认证；

____完成公司领导临时交办的任务。

任职资格：

教育背景：

◆机电、自动化、工程或相关专业本科及以上学历。

培训经历：

◆接受过生产作业管理、管理学、管理技能开发等方面的培训。

经　　验：

◆有5年以上同等职位工作经验。

技能技巧：

◆具有丰富的相关产品技术知识及相关实践工作经验；

◆能独立编写施工组织方案和施工计划；

◆具有独立组织、管理大型施工项目的能力。

态　　度：

◆组织、表达、沟通、洽商与协调能力强；

◆知识面广；

◆有较强的应变能力，有责任心，能在较大的压力下工作。

工作条件：

工作场所：办公室及工作场所。

环境状况：舒适。

危 险 性：基本无危险，无职业病危险。

注：“__”指每一项工作职责在职位承担者的总工作时间中所占的百分比。

直接下属____________　　间接下属____________

晋升方向____________　　轮转岗位____________

“采购经理”岗位说明书

职位名称	采购经理	职位代码		所属部门	物流中心
职　　系		职等职级		直属上级	物流总监
薪金标准		填写日期		核 准 人	

职位概要：

制订、组织、协调公司或所属部门的采购计划，达成公司所期望的货物种类、库存和利润目标。

工作内容：

____调查、分析和评估市场以确定客户的需要和采购时机；

____拟订和执行采购战略；

____根据产品的价格、促销、产品分类和质量，有效地管理特定货品的计划和分配；

____管理采购助理（若有）和其他相关员工，确保采购的产品符合客户的需要；

____发展、选择和处理供应商关系，如价格谈判、采购环境、产品质量、供应链、数据库等；

____改进采购的工作流程和标准，通过尽可能少的流通环节，减少库存的单位保存时间和额外收入的发生，以达到存货周转的目标；

____发展和维护总部及区域采购部、销售部、市场部、物流中心以及其他职能部门的内部沟通渠道；

____向管理层提供采购报告。

任职资格：

教育背景：

◆经济、管理或相关专业本科及以上学历。

培训经历：

◆接受过物流管理、生产管理、谈判、管理技能开发等方面的培训。

经　　验：

◆5年以上物资采购工作经验。

技能技巧：

◆熟悉物资采购招投标程序；

◆丰富的流程管理技能，熟悉物流管理业务流程；

◆熟练使用电算化及办公软件；

◆英语水平良好。

态　　度：

◆积极进取，责任心强，有很强的自我约束力、独立工作和承受压力的能力；

◆人际沟通、交往能力强；

◆具有高度的工作热情，良好的团队合作精神。

工作条件：

工作场所：办公室，经常出差。

环境状况：基本舒适。

危 险 性：基本无危险，无职业病危险。

注：“_”指每一项工作职责在职位承担者的总工作时间中所占的百分比。

直接下属____________________　　间接下属____________________

晋升方向____________________　　轮转岗位____________________

“行政经理”岗位说明书

职位名称	行政经理	职位代码		所属部门	行政部
职　　系		职等职级		直属上级	行政总监
薪金标准		填写日期		核 准 人	

职位概要：

协助行政总监完成公司行政事务性工作及部门内部日常事务工作。

工作内容：

____协助上级制订行政、总务及安全管理工作发展规划和计划；
____协助审核、修订行政管理规章制度，进行日常行政工作的组织与管理；
____协助高级管理人员进行财产、内务、安全管理，为其他部门提供及时有效的行政服务；
____考核和指导行政部工作人员的工作并给予业务指导；
____协助承办公司相关法律事务；
____参与公司经营事务的管理和执行工作；
____会务安排。

任职资格：

教育背景：

◆行政管理或相关专业大专及以上学历。

培训经历：

◆接受过管理学、公共关系、文书写作、档案管理、财务会计基本知识等方面的培训。

经　　验：

◆2年以上行政管理工作经验。

技能技巧：

◆优秀的外联和公关能力，具备解决突发事件的能力；
◆良好的中英文写作、口语、阅读能力；
◆熟练使用办公软件；
◆熟练操作办公自动化设备。

态　　度：

◆具有较强的时间管理能力；
◆工作细致认真，谨慎细心，责任心强；
◆具有很强的人际沟通、协调能力，团队意识强。

工作条件：

工作场所：办公室。
环境状况：舒适。
危 险 性：基本无危险，无职业病危险。

注：“__”指每一项工作职责在职位承担者的总工作时间中所占的百分比。

直接下属____________________　　间接下属____________________
晋升方向____________________　　轮转岗位____________________

“人力资源经理”岗位说明书

职位名称	人力资源经理	职位代码		所属部门	人力资源部
职　　系		职等职级		直属上级	人力资源总监
薪金标准		填写日期		核 准 人	

职位概要：

协助制定、组织实施公司人力资源战略，建设发展人力资源各项构成体系，最大限度地开发人力资源，为实现公司经营发展战略目标提供人力保障。

工作内容：

____参与制订人力资源战略规划，为重大人事决策提供建议和信息支持；

____组织制定、执行、监督公司人事管理制度；

____协助人力资源总监做好相应的职位说明书，并根据公司职位调整进行相应的变更；

____根据部门人员需求，提出内部调配方案（包括人员调入和调出），经上级领导审批后实施，促进人员的优化配置；

____与员工进行积极沟通；

____制订招聘计划、招聘程序，进行初步的面试与筛选，做好各部门间的协调工作；

____根据公司对绩效管理的要求，制定评价政策，组织实施绩效管理，并对各部门绩效评价过程进行监督控制，及时解决其中出现的问题，使绩效评价体系能够落到实处，并不断完善绩效管理体系；

____制定薪酬政策和晋升政策，组织提薪评审和晋升评审；

____制定福利政策，办理社会保障福利；

____组织员工岗前培训、协助办理培训进修手续；

____配合人力资源总监做好各职系人员发展体系的建立，做好人员发展的日常管理工作；

____完成人力资源总监交办的其他工作。

任职资格：

教育背景：

◆人力资源、管理或相关专业大学本科及以上学历。

培训经历：

◆接受过现代人力资源管理技术、劳动法规、财务会计知识和管理能力开发等方面的培训。

经　　验：

◆5年以上人力资源管理相关工作经验。

技能技巧：

◆对现代企业人力资源管理模式有系统的了解和实践经验积累；

◆对人力资源战略规划、人才的发现与引进、薪酬设计、绩效考核、岗位培训、福利待遇、公司制度建设、组织与人员调整、员工职业生涯设计等具有丰富的实践经验；

◆能熟练处理人力资源管理事务性的工作，熟悉人事工作流程；

◆熟悉国家、地区及企业关于合同管理、薪金制度、用人机制、保险福利待遇和培训方针；

◆熟练使用办公软件及相关的人事管理软件；

◆较好的英文听、说、读、写能力。

态　　度：

◆对人及组织变化敏感，具有很强的沟通、协调和推进能力；

◆有高度的敬业精神及高涨的工作激情，能接受高强度的工作，工作态度积极乐观；

◆善于与各类性格的人交往，待人公平。

工作条件：

工作场所：办公室。

环境状况：舒适。

危 险 性：基本无危险，无职业病危险。

注：“__”指每一项工作职责在职位承担者的总工作时间中所占的百分比。

直接下属____________________　　间接下属____________________

晋升方向____________________　　轮转岗位____________________

三、基层管理者岗位说明书

“会计主管”岗位说明书

职位名称	会计主管	职位代码		所属部门	财务部
职　　系		职等职级		直属上级	财务经理
薪金标准		填写日期		核 准 人	

职位概要：

分析、研究会计数据，准备财务报告，向管理层提供财务信息。

工作内容：

____协助财务总监制订业务计划、财务预算、监督计划；

____核签、编制会计凭证，整理保管财务会计档案；

____登记保管各种明细账、总分类账；

____定期对账，如发现差异，查明差异原因，处理结账时有关的账务的调整事宜；

____设计、修订会计制度、会计表单，分析财务结构，编制会计报告、报表；

____具体执行资金预算及控制预算内的经费支出，管理往来账、应收款、应付款、固定资产、无形资产，每月计提核算税金、费用、折旧等费用项目；

____完成财务经理交办的其他工作。

任职资格：

教育背景：

◆会计、财务、审计或相关专业本科及以上学历。

培训经历：

◆接受过管理学、经济法、产品知识等方面的培训。

经　　验：

◆3年以上企业财务工作经验，有丰富的财务处理工作经验，有中级会计师以上职称。

技能技巧：

◆精通国家财税法律规范、财务核算、财务管理、财务分析、财务预测等财务制度和业务；

◆熟悉国家会计法规，了解税务法规和相关税收政策；

◆熟悉银行业务和报税流程；

◆有良好的口头及书面表达能力；

◆熟练应用财务软件和办公软件；

◆熟练的英文读写能力。

态　　度：

◆敬业、责任心强、严谨踏实、工作仔细认真；

◆有良好的纪律性、团队合作以及开拓创新精神。

工作条件：

工作场所：办公室。

环境状况：舒适。

危 险 性：基本无危险，无职业病危险。

注：“__”指每一项工作职责在职位承担者的总工作时间中所占的百分比。

直接下属____________________　　间接下属____________________

晋升方向____________________　　轮转岗位____________________

“审计主管”岗位说明书

职位名称	审计主管	职位代码		所属部门	审计部
职　　系		职等职级		直属上级	董事会
薪金标准		填写日期		核 准 人	

职位概要：

制订并实施审计计划，完成公司各项经营、财务审计及专项审计。

工作内容：

____根据公司的工作目标拟定公司的审计计划，开展各类经营审计工作及专项审计工作；

____收集审计证据、编制审计工作底稿，准备审计报告；

____审阅财务报告及工作底稿，确认会计记录的真实可靠性以及是否符合会计准则的要求；

____监督、检查公司制度的落实情况；

____指导下属熟悉审计程序和审计方法，培训审计人员使其了解国家财务准则及要求；

____跟踪审计建议的执行，实施后续审计工作。

任职资格：

教育背景：

◆财务、会计或相关专业本科及以上学历；

◆英语国家四级（含）以上，具有审计师或注册会计师资格。

培训经历：

◆接受过管理学、财经法律法规、产品知识等方面的培训。

经　　验：

◆5年以上跨国企业或大型企业集团财务管理工作经验，有跨行业财务工作经历者优先考虑。

技能技巧：

◆精通国家财税法律规范、国家财务核算业务，具有优秀的职业判断能力和丰富的财会项目分析处理经验；

◆了解审计领域发展趋势，掌握国际最新审计理论和方法；

◆谙熟公司财务会计、审计、税务等业务的全套流程；

◆熟悉财务管理、资本运作以及企业融资；

◆有良好的中英文口头及书面表达能力。

态　　度：

◆责任心强、工作仔细认真、自主性强；

◆有较强的敬业精神；

◆有良好的纪律性、团队合作以及开拓创新精神。

工作条件：

工作场所：办公室。

环境状况：舒适。

危 险 性：基本无危险，无职业病危险。

注：“__”指每一项工作职责在职位承担者的总工作时间中所占的百分比。

直接下属______________________　　间接下属______________________

晋升方向______________________　　轮转岗位______________________

“大区经理”岗位说明书

职位名称	大区经理	职位代码		所属部门	销售部
职 系		职等职级		直属上级	销售经理
薪金标准		填写日期		核 准 人	

职位概要：

制订并实施本区域营销计划、销售目标，领导下属人员完成分解目标。

工作内容：

____参与公司市场营销策略的制定；
____执行公司营销策略并对区域市场开拓进行策划；
____制订本区域营销计划、分解销售目标；
____提供市场趋势、需求变化、竞争对手和客户反馈等方面的准确信息；
____督导办事处建设及业务开展工作，落实本区域货款的回收；
____督导营销总部的销售政策的落实、各项制度的贯彻执行；
____控制所辖区域办事处费用开支；
____直接参与主持重要客户的业务谈判及成交；
____处理客户投诉；
____对下属的工作进行评价并协助制订和实施绩效改善计划；
____对业务人员进行培训、指导。

任职资格：

教育背景：
◆市场营销专业或相关专业本科及以上学历。
培训经历：
◆接受过市场营销、管理技能开发、财务知识、产品知识等方面的培训。
经 验：
◆5年以上企业销售管理工作经验。
技能技巧：
◆对市场营销工作有较深刻认知，有良好的市场判断能力和开拓能力；
◆有较强的市场销售经验和市场嗅觉；
◆熟练操作办公软件。
态 度：
◆自觉严谨、公正律己、敬业、豁达自信；
◆具有高度的工作热情，良好的团队合作精神，较强的观察力和应变能力。

工作条件：

工作场所：办公室。
环境状况：基本舒适。
危 险 性：基本无危险，无职业病危险。

注：“__”指每一项工作职责在职位承担者的总工作时间中所占的百分比。

直接下属______________ 间接下属______________
晋升方向______________ 轮转岗位______________

"店面经理"岗位说明书

职位名称	店面经理	职位代码		所属部门	销售部
职　　系		职等职级		直属上级	销售经理
薪金标准		填写日期		核 准 人	

职位概要：

组织、安排、管理店内的销售日常工作，带领所属人员完成销售目标。

工作内容：

____洞察周边环境，带领所属人员及时调整销售策略；
____组织布置店内的商品布局；保持店面的新颖和变化性；
____协调店内人员，合理安排分工，培养有潜力的员工；
____在权限范围内协调与属地政府管理部门的关系；
____建立客户资源档案；
____定期向上级提交客户状况分析报告。

任职资格：

教育背景：

◆市场营销专业或相关专业本科及以上学历。

培训经历：

◆接受过市场营销、管理学、产品知识、财务会计基本知识等方面的培训。

经　　验：

◆3年以上企业销售管理工作经验。

技能技巧：

◆对市场营销工作有较深刻认知；
◆有良好的市场判断能力和开拓能力；
◆有极强的组织管理能力；
◆熟练操作办公软件。

态　　度：

◆正直、坦诚、成熟、豁达、自信；
◆具有高度的工作热情，良好的团队合作精神；
◆具有较强的观察力和应变能力。

工作条件：

工作场所：办公室及店面。
环境状况：基本舒适。
危 险 性：基本无危险，无职业病危险。

注："__"指每一项工作职责在职位承担者的总工作时间中所占的百分比。

直接下属________________　　间接下属________________
晋升方向________________　　轮转岗位________________

“客户关系主管”岗位说明书

职位名称	客户关系主管	职位代码		所属部门	市场部
职　　系		职等职级		直属上级	市场经理
薪金标准		填写日期		核 准 人	

职位概要：

建立、发展客户支持项目，提升公司形象，维护客户关系。

工作内容：

____根据公司政策协议和预算结构，建立和发展客户支持项目；
____保持和发展适当的数据，对客户支持项目做出计划和分析；
____准备和实施政策、预算和目标，控制担保和信誉支出；
____为售后员工包括售后区域经理提供指导，实施公司信誉政策；
____制订销售、市场和售后部门计划、程序和项目，提高公司形象和保持客户的忠诚度；
____为经销商和下属确定培训项目，准备和提出其所需的相关资料。

任职资格：

教育背景：
◆新闻传播、市场营销、企业管理或相关专业本科及以上学历。
培训经历：
◆接受过市场营销、服务管理、管理技能开发、财务基础知识方面的培训。
经　　验：
◆3年以上市场管理或客户服务经验。
技能技巧：
◆对市场营销工作有较深刻认知；
◆具有客户关系管理的专门经验；
◆有统计、会计和财务管理活动能力；
◆熟练操作办公软件。
态　　度：
◆积极热情，责任心强；
◆具有较强的沟通、协调能力，良好的团队合作精神；
◆积极主动、性格开朗、讲求效率、乐于接受挑战。

工作条件：

工作场所：办公室。
环境状况：舒适。
危 险 性：基本无危险，无职业病危险。

注：“__”指每一项工作职责在职位承担者的总工作时间中所占的百分比。

直接下属____________________　　间接下属____________________
晋升方向____________________　　轮转岗位____________________

“产品主管”岗位说明书

职位名称	产品主管	职位代码		所属部门	市场部
职　　系		职等职级		直属上级	市场经理
薪金标准		填写日期		核 准 人	

职位概要：

组织、协调与产品相关的各种工作，实现产品的市场目标。

工作内容：

____制订竞争对手、行业信息、公司产品信息等市场调研计划，全面开展市场调研工作；

____分析总结调研信息，确定调研结果，为公司的总体战略制定提供相关依据；

____策划、组织市场活动，安排公司产品宣传，并反馈总结所有信息、收集和应用产品市场信息；

____策划新品的上市和已有产品的更新换代，包括计划的制订、实施，广告创意，宣传文案的撰写及活动的策划、实施；

____协助销售部门的销售工作，维护供方关系。

任职资格：

教育背景：

◆市场营销或管理类相关专业本科及以上学历。

培训经历：

◆接受过市场营销、市场调研、广告策划等方面的培训。

经　　验：

◆5年以上市场调研策划工作经验。

技能技巧：

◆熟悉所在产业、行业的生产过程；

◆具备宏观规划能力，优秀的信息分析能力；

◆具备较强的口头及书面沟通能力和商务洽谈能力；

◆具有较强的英语听、说、读、写能力。

态　　度：

◆积极主动、灵活应变、认真负责；

◆沟通协调能力强；

◆工作态度认真，能在较大的压力下保持良好工作状态，作风踏实严谨。

工作条件：

工作场所：办公室。

环境状况：舒适。

危 险 性：基本无危险，无职业病危险。

注：“_”指每一项工作职责在职位承担者的总工作时间中所占的百分比。

直接下属____________　　间接下属____________

晋升方向____________　　轮转岗位____________

“市场策划主管”岗位说明书

职位名称	市场策划主管	职位代码		所属部门	市场部
职　　系		职等职级		直属上级	市场经理
薪金标准		填写日期		核 准 人	

职位概要：

组织制订市场规划、市场策略与产品拓展等工作。

工作内容：

____研究市场的宏观方向，包含市场动态、技术发展动态、国家与地方政策变化和趋势等，收集产品与市场信息；

____设计公司产品品牌的定位，设计与实施具体市场方案；

____组织、编制大型市场规划、设计方案；

____编写方案设计报告、实施方案报告；

____独立完成广告策划案、品牌推广方案；

____指导制作各种宣传材料、产品说明书、销售材料等。

任职资格：

教育背景：

◆市场营销、广告、传播或相关专业本科及以上学历。

培训经历：

◆接受过市场营销、宏观经济分析、广告策划、公共关系与产品知识方面的培训。

经　　验：

◆3年以上相关职位从业经验。

技能技巧：

◆熟悉公司产品及相关产品的市场行情；

◆能够独立组织制订市场规划、市场销售策略、产品拓展等工作；

◆有大型项目的市场拓展和销售工作经验及商务谈判经验；

◆熟练操作办公软件。

态　　度：

◆具有敏锐的市场眼光；

◆具有独立工作能力和团队合作精神；

◆具有较强的表达、理解与公关能力；

◆积极主动、性格开朗、讲效率、乐于接受挑战。

工作条件：

工作场所：办公室。

环境状况：舒适。

危 险 性：基本无危险，无职业病危险。

注：“__”指每一项工作职责在职位承担者的总工作时间中所占的百分比。

直接下属____________________　间接下属____________________

晋升方向____________________　轮转岗位____________________

“生产主管”岗位说明书

职位名称	生产主管	职位代码		所属部门	生产部
职　　系		职等职级		直属上级	生产经理
薪金标准		填写日期		核 准 人	

职位概要：

组织下属并指导其完成企业生产计划，实现企业生产目标。

工作内容：

____规划并完成组织生产目标；
____协调生产管理团队的工作；
____指导完成生产线组装工艺，并进行产品调试；
____主持编写工艺文件；
____主持制定产品使用说明书；
____与其他部门协作，共同满足现有及潜在的客户需求。

任职资格：

教育背景：

◆理工类或相关专业本科及以上学历。

培训经历：

◆接受过生产管理、管理学、管理技能开发、项目管理、产品知识等方面的培训。

经　　验：

◆5年以上生产管理经验。

技能技巧：

◆熟悉所在产业、行业的生产过程，熟悉原材料的供应渠道；
◆熟悉生产规程以及质量标准；
◆熟练使用办公软件；
◆良好的英文基础。

态　　度：

◆具有敬业精神和拼搏精神，能够带领团队，有较好的团队合作精神；
◆具有优秀的表达能力、沟通能力、领导能力，能够承受高强度的工作压力。

工作条件：

工作场所：办公室及相关工作场所。
环境状况：舒适。
危 险 性：基本无危险，无职业病危险。

注：“__”指每一项工作职责在职位承担者的总工作时间中所占的百分比。

直接下属______________　　间接下属______________
晋升方向______________　　轮转岗位______________

“质量控制主管”岗位说明书

职位名称	质量控制主管	职位代码		所属部门	生产部
职　　系		职等职级		直属上级	生产经理
薪金标准		填写日期		核 准 人	

职位概要：

制订并实施产品质量控制方案，实现所管理产品的质量目标。

工作内容：

____监控工艺状态，对工艺参数的改变对产品的影响进行认定，并论证设定的合理性；
____根据公司整体质量状况组织质量控制方案，监控产品全程质量（索赔、归还、监控等）；
____定期评估解决的工艺或控制方案；
____制定产品质量检验标准、产品信息反馈、统计流程；
____处理客户反馈，依据反馈改善质量控制；
____总结产品质量问题并推动相关部门及时解决；
____主持来料检验及出货评审工作；
____协助跟踪产品的使用情况并提供改善意见；
____完成上级委派的其他任务。

任职资格：

教育背景：

◆理工科专业本科及以上学历。

培训经历：

◆接受过生产管理、品质管理、产品知识等方面的培训。

经　　验：

◆3年以上的质量管理工作经验。

技能技巧：

◆熟悉公司的工艺工序、工作原理与机理，具备亲自动手操作能力；
◆熟练掌握公司产品及生产工艺技术应用方面的知识；
◆熟练掌握国际质量管理体系专业知识；
◆具有迅速解决生产工艺问题的能力；
◆良好的英文阅读与理解能力。

态　　度：

◆具有较强的学习、分析、理解、沟通和协调能力；
◆工作态度认真，积极负责，具有较强的创新意识。

工作条件：

工作场所：办公室及生产场所。
环境状况：舒适。
危 险 性：基本无危险，无职业病危险。

注：“__”指每一项工作职责在职位承担者的总工作时间中所占的百分比。

直接下属____________________　　间接下属____________________
晋升方向____________________　　轮转岗位____________________

“技术主管”岗位说明书

职位名称	技术主管	职位代码		所属部门	技术部
职　　系		职等职级		直属上级	工程技术经理
薪金标准		填写日期		核 准 人	

职位概要：

组织制订和实施技术方案、产品研究开发方案与产品质量管理制度。

工作内容：

____组织公司新产品的研究试制工作及现有产品的改进工作；
____主持公司产品性能分析、技术可行性研究与评定工作；
____组织制订产品工艺方案、编制工艺文件的技术标准；
____建立健全公司的质量保证体系，组织落实公司产品质量认证准备工作；
____组织制定并监督实施公司产品质量管理制度；
____组织公司质量事故的分析及处理工作；
____编制公司年、季、月度产品研究开发计划，并组织实施；
____主持编制公司年度研究开发经费预算，并控制经费的总体支出；
____完成上级交办的其他工作。

任职资格：

教育背景：
◆理工类专业本科及以上学历。
培训经历：
◆接受过项目管理、管理学、市场营销等方面的培训。
经　　验：
◆有5年以上从事技术支持服务经验，有技术管理相关工作经验。
技能技巧：
◆熟悉企业产品结构、性能、机理、使用方法等；
◆有扎实的理论基础和技术工作经验，能独立解决产品使用相关问题。
态　　度：
◆知识面广、善于与各类性格的人交往，善于沟通与交际；
◆有较强应变能力，有责任心，对人热情，良好的团队合作精神。

工作条件：

工作场所：办公室。
环境状况：舒适。
危 险 性：基本无危险，无职业病危险。

注：“__”指每一项工作职责在职位承担者的总工作时间中所占的百分比。

直接下属____________________　　间接下属____________________
晋升方向____________________　　轮转岗位____________________

"研发主管"岗位说明书

职位名称	研发主管	职位代码		所属部门	技术部
职　　系		职等职级		直属上级	工程技术经理
薪金标准		填写日期		核 准 人	

职位概要：

主持新产品的研究开发，实现公司的产品开发目标。

工作内容：

____收集和分析产品市场信息，进行新产品立项、设计并组织开发；
____管理产品技术及协调生产现场技术，协助工艺编制与审核；
____对新产品的所有运行实验进行跟踪并及时改进；
____协助产品工程师及时跟进市场反馈情况，了解客户使用状况；
____制定新产品开发预算和研发计划，并组织实施；
____为研发项目提供技术支持。

任职资格：

教育背景：
◆理工科相关专业本科及以上学历。
培训经历：
◆接受过项目管理、管理学、管理技能开发、市场营销等方面的培训。
经　　验：
◆5年以上产品研发经验，具有独立承担并完成研发项目经验者优先。
技能技巧：
◆团队管理领导能力；
◆有多年相关专业领域的科研工作经历，了解国内外新产品开发状况；
◆有较强的英语读、写、听、说能力；
◆优秀的信息分析能力，敏锐的市场眼光。
态　　度：
◆有出色的协调能力和组织能力；
◆有较强的团队合作与沟通能力。

工作条件：

工作场所：办公室及施工现场。
环境状况：基本舒适。
危 险 性：基本无危险，无职业病危险。

注："__"指每一项工作职责在职位承担者的总工作时间中所占的百分比。

直接下属________________________　　间接下属________________________
晋升方向________________________　　轮转岗位________________________

"仓储主管"岗位说明书

职位名称	仓储主管	职位代码		所属部门	物流中心
职　　系		职等职级		直属上级	物流经理
薪金标准		填写日期		核 准 人	

职位概要：

组织指导材料、成品入库、仓储、出库等环节的工作，编制相应台账，并报送财务部和生产部。

工作内容：

____根据公司的生产销售能力，确定原材料及产品的标准库存量；
____及时与生产部和市场部沟通，保证生产用原材料的库存供给和市场部发送产品所需的库存供给；
____定期编制采购物品的入库台账、退货台账及库存台账，报送财务部和生产部；
____定期编制产品入库、出库及库存台账，报送生产部和财务部；
____组织人员保证材料库及成品库的仓储环境，确保库存产品或材料不变质；
____制定并实施材料库及成品库的管理制度和管理方法；
____完成上级交办的其他工作。

任职资格：

教育背景：
◆储运专业大专及以上学历。
培训经历：
◆接受过物流管理、仓储管理等方面的培训。
经　　验：
◆3年以上仓储工作经验。
技能技巧：
◆熟悉物资采购程序；
◆了解运输方式及其特征；
◆熟悉物流管理业务流程；
◆熟练操作办公软件。
态　　度：
◆积极进取，责任心强；
◆有很强的自我约束力，能独立工作和承受压力的能力；
◆高度的工作热情，良好的团队合作精神。

工作条件：

工作场所：办公室。
环境状况：基本舒适。
危 险 性：基本无危险，无职业病危险。

注："__"指每一项工作职责在职位承担者的总工作时间中所占的百分比。

直接下属____________________　　间接下属____________________
晋升方向____________________　　轮转岗位____________________

“货运主管”岗位说明书

职位名称	货运主管	职位代码		所属部门	物流中心
职　　系		职等职级		直属上级	物流经理
薪金标准		填写日期		核 准 人	

职位概要：

规划最佳送货路线与方式，组织订单货物及时、完好地送达。

工作内容：

____组织、指导订单货物按时送达；
____评价及选择最佳送货路线及方式；
____检查丢失及损坏情况，并处理问题；
____评价送货人员工作质量、及时性和所用费用的情况；
____提出运输工具及方法的建议；
____作为组织代表就有关事宜与政府部门进行沟通。

任职资格：

教育背景：

◆储运专业大专及以上学历。

培训经历：

◆接受过物流管理、仓储、货运管理等方面的培训。

经　　验：

◆3年以上仓储、货运经验。

技能技巧：

◆熟悉公司业务区域内地理状况；
◆熟悉公司产品运输方式及特征；
◆熟悉物流管理业务流程；
◆具有丰富的流程管理技能；
◆熟练使用办公软件。

态　　度：

◆人际沟通、交往能力强；
◆具备一定的领导能力和团队协作精神。

工作条件：

工作场所：办公室。
环境状况：舒适。
危 险 性：基本无危险，无职业病危险(如属于易燃易爆有毒物品仓库，有一定的危险性)。

注：“__”指每一项工作职责在职位承担者的总工作时间中所占的百分比。

直接下属______________________　　间接下属______________________
晋升方向______________________　　轮转岗位______________________

“招聘主管”岗位说明书

职位名称	招聘主管	职位代码		所属部门	人力资源部
职　　系		职等职级		直属上级	人力资源经理
薪金标准		填写日期		核 准 人	

职位概要：

制订并实施公司各项招聘计划，完成招聘目标。

工作内容：

____根据现有编制及业务发展需求，协调、统计各部门的招聘需求，编制年度人员招聘计划；
____建立和完善公司的招聘流程和招聘体系；
____利用各种招聘渠道发布招聘广告，满足公司的人才需求；
____执行招聘、甄选、面试、选择、安置工作；
____完成聘前测试和简历甄别工作；
____建立后备人才选拔方案和人才储备机制。

任职资格：

教育背景：

◆人力资源、管理或相关专业大学本科及以上学历。

培训经历：

◆接受过现代人力资源管理技术、劳动法律法规、财务会计基本知识等方面的培训。

经　　验：

◆3年以上企业招聘工作经验。

技能技巧：

◆对人才的发现与引进、组织与人员调整、员工职业生涯设计等具有丰富的实践经验；
◆能熟练处理人力资源管理事务性工作；
◆熟悉企业的招聘流程及各种招聘渠道；
◆熟练操作办公软件及相关的人事管理软件；
◆具有较好的英文听、说、读、写能力。

态　　度：

◆人际关系良好，具备很强的责任感和事业心；
◆较高的敏感度及一定的判断能力；
◆有良好的职业道德和职业操守；
◆性格外向，善于沟通与协调，有良好的团队合作意识。

工作条件：

工作场所：办公室。
环境状况：舒适。
危 险 性：基本无危险，无职业病危险。

注：“__”指每一项工作职责在职位承担者的总工作时间中所占的百分比。

直接下属______________________　　间接下属______________________
晋升方向______________________　　轮转岗位______________________

“薪资福利主管”岗位说明书

职位名称	薪资福利主管	职位代码		所属部门	人力资源部
职　　系		职等职级		直属上级	人力资源经理
薪金标准		填写日期		核 准 人	

职位概要：

协助上级完成薪酬、福利的各项日常工作。

工作内容：

___起草公司年度薪酬规划及福利计划；
___参与制定、调整薪酬福利政策；
___定期收集市场薪酬信息和数据；
___根据公司业务发展情况和市场水平，制定合理的薪酬调整实施办法；
___按时完成人工成本、人工费用的分析报告并及时更新维护员工资料库；
___制作公司每月的工资报表，按时发放工资；
___为员工办理养老保险、医疗保险、失业保险、工伤保险、住房公积金等社会保险和基金；
___考勤、休假管理；
___其他与薪酬相关的工作。

任职资格：

教育背景：
◆人力资源、劳动经济、心理学、管理学等相关专业本科及以上学历。
培训经历：
◆接受过现代人力资源管理技术、劳动法律法规和财务会计知识等方面的培训。
经　　验：
◆2年以上薪资管理工作经验。
技能技巧：
◆熟悉国家人事政策、法律和法规；
◆熟悉与薪酬相关的法律、法规；
◆熟悉薪酬福利管理流程；
◆人力资源管理理论基础扎实；
◆熟练使用相关办公软件。
态　　度：
◆具有良好的职业操守，细致、耐心、谨慎、踏实、稳重；
◆具有强烈的敬业精神与责任感，工作原则性强，人际沟通、协调能力强。

工作条件：

工作场所：办公室。
环境状况：舒适。
危 险 性：基本无危险，无职业病危险。

注：“__”指每一项工作职责在职位承担者的总工作时间中所占的百分比。
直接下属__________　　间接下属__________
晋升方向__________　　轮转岗位__________

“绩效考核主管”岗位说明书

职位名称	绩效考核主管	职位代码		所属部门	人力资源部
职　　系		职等职级		直属上级	人力资源经理
薪金标准		填写日期		核 准 人	

职位概要：

组织实施公司全员绩效评价制度及年度评价工作，保证评价工作的质量和及时性。

工作内容：

____协调组织完成公司绩效评价标准的调整，使其符合不同阶段的要求；
____调查评价制度实施问题和效果，提供建议解决方案；
____建立公司职位流动和晋升体系；
____协助修订政策指南和员工手册，提供政策支持；
____改进、完善并监督执行公司考核体系和规范；
____指导各部门主管开展评价工作，向员工解释相关制度性问题；
____根据绩效评价结果实施对员工的奖惩工作；
____组织实施绩效评价面谈；
____协助上级完成其他相关绩效管理工作。

任职资格：

教育背景：

◆人力资源、劳动经济、心理学、管理学等相关专业本科及以上学历。

培训经历：

◆接受过现代人力资源管理技术、劳动法律法规和基本财会知识等方面的培训。

经　　验：

◆3年以上绩效管理工作经验。

技能技巧：

◆熟悉国家人事政策、法律法规；
◆熟悉各种绩效评价方法；
◆熟悉绩效管理流程；
◆人力资源管理理论基础扎实；
◆熟练使用相关办公软件。

态　　度：

◆具有良好的职业操守，细致、耐心、谨慎、踏实、稳重；
◆具有强烈的敬业精神与责任感，工作原则性强；
◆人际沟通、协调能力强，具有良好的团队合作意识。

工作条件：

工作场所：办公室。
环境状况：舒适。
危 险 性：基本无危险，无职业病危险。

注：“__”指每一项工作职责在职位承担者的总工作时间中所占的百分比。

直接下属____________　　间接下属____________
晋升方向____________　　轮转岗位____________

“员工培训与发展主管”岗位说明书

职位名称	员工培训与发展主管	职位代码		所属部门	人力资源部
职　　系		职等职级		直属上级	人力资源经理
薪金标准		填写日期		核 准 人	

职位概要：

制订实施员工培训与发展计划，实现公司人力资源培训目标。

工作内容：

____制订公司及各个部门的培训计划和培训大纲，经批准后实施；
____编制、修订、完善员工培训手册，建立岗位职业发展方向，完善培训体系；
____建立和实施群组培训体系，并指导各部门进行落实；
____按照ISO质量管理体系的要求，做好培训记录、培训考核的管理工作；
____拓展培训渠道和培训资源，积累培训经验和资料，并指导各部门进行落实；
____掌握需接受培训的人数和培训种类；
____与外部培训机构保持良好关系，并从中选择高质量的培训机构为公司提供培训；
____为内部培训师提供咨询和指导，提高培训质量及效果；
____统一安排和办理实习人员的培训工作。

任职资格：

教育背景：

◆人力资源、管理或相关专业本科及以上学历。

培训经历：

◆接受过现代人力资源管理技术、雇员培训与开发、教育学、劳动法律法规等方面的培训。

经　　验：

◆3年以上人力资源管理相关工作经验。

技能技巧：

◆熟悉培训市场，能与培训供应商保持联系及合作关系；
◆熟悉内部培训及外部培训组织作业流程，对年度培训规划有一定经验；
◆能熟练处理人力资源管理事务性的工作，熟悉人事工作流程，尤其岗位培训流程；
◆熟练使用办公软件，熟悉人事管理软件。

态　　度：

◆具有敬业精神和拼搏精神，能够带领团队开展日常培训工作；
◆具有优秀的表达能力、沟通能力、规划能力，思维敏捷。

工作条件：

工作场所：办公室。
环境状况：舒适。
危 险 性：基本无危险，无职业病危险。

注：“__”指每一项工作职责在职位承担者的总工作时间中所占的百分比。

直接下属____________________　　间接下属____________________

晋升方向____________________　　轮转岗位____________________

四、基层员工岗位说明书

“出纳员”岗位说明书

职位名称	出纳员	职位代码		所属部门	财务部
职　　系		职等职级		直属上级	会计主管
薪金标准		填写日期		核 准 人	

职位概要：

做好货币资金、应收/应付票据、税款的收付及记账、结账工作。

工作内容：

____负责现金支票的收入保管、签发支付工作；
____严格按照公司的财务制度报销结算公司各项费用并编制相关凭证；
____及时准确编制记账凭证并逐笔登记总账及明细账，定期上缴各种完整的原始凭证；
____及时与银行定期对账；
____根据公司领导的需要，编制各种资金流动报表；
____配合会计人员做好每月的报税和工资的发放工作；
____管理银行账户、转账支票与发票；
____完成其他由上级主管指派的工作。

任职资格：

教育背景：
◆会计、财务及经济管理类相关专业大专及以上学历。
培训经历：
◆接受过经济法基本知识、产品知识等方面的培训。
经　　验：
◆2年以上企业出纳工作经验。
技能技巧：
◆熟悉国家财务政策、会计法规，了解税务法规和相关税收政策；
◆熟悉银行结算业务和报税流程；
◆有良好的口头及书面表达能力；
◆熟练使用财务软件和办公软件。
态　　度：
◆工作认真细心、责任心强、为人正直、敢于坚持原则；
◆具有良好的团队协作精神、良好的沟通能力和服务意识。

工作条件：

工作场所：办公室。
环境状况：舒适。
危 险 性：基本无危险，无职业病危险。

注：“__”指每一项工作职责在职位承担者的总工作时间中所占的百分比。

直接下属________________　　间接下属________________
晋升方向________________　　轮转岗位________________

“审计员”岗位说明书

职位名称	审计员	职位代码		所属部门	审计部
职　　系		职等职级		直属上级	审计主管
薪金标准		填写日期		核 准 人	

职位概要：

协助上级实施各种经营、财务审计及专项审计，完成审计报告。

工作内容：

____在上级领导下，拟订审计计划方案；

____按照审计程序和审计方法，获得充分的审计证据，支持审计发现和审计建议，为公司运营提供增值服务；

____编写审计工作底稿，进而编制审计报告，确保审计证据支持审计目的；

____实施专项审计任务；

____建立、管理审计档案。

任职资格：

教育背景：

◆投资、企业管理、经济、市场营销、金融或相关专业本科及以上学历。

培训经历：

◆接受过管理学、财经法律法规、产品知识等方面的培训。

经　　验：

◆2年以上公司内部审计部门或会计师事务所审计工作经验，有CIA、CPA资格者优先。

技能技巧：

◆熟悉国家财务政策、会计准则；

◆精通审计、税务法律法规；

◆熟悉行业以及公司经营范围、业务流程以及会计核算方法；

◆了解相关经济法律法规；

◆具有良好的沟通及书面表达能力；

◆熟练使用办公软件。

态　　度：

◆工作严谨，有责任心，有团队合作精神；

◆工作认真负责，善于思辨。

工作条件：

工作场所：办公室。

环境状况：舒适。

危 险 性：基本无危险，无职业病危险。

注：“__”指每一项工作职责在职位承担者的总工作时间中所占的百分比。

直接下属____________________　　间接下属____________________

晋升方向____________________　　轮转岗位____________________

“销售代表”岗位说明书

职位名称	销售代表	职位代码		所属部门	销售部
职　　系		职等职级		直属上级	大区经理
薪金标准		填写日期		核 准 人	

职位概要：

建立、维护、扩大销售终端，完成分销目标、分销计划。

工作内容：

____为所辖区域内零售市场提供专业性支持工作；
____在本辖区内建立分销网及扩大公司产品覆盖率；
____按照企业计划和程序开展产品推广活动，介绍产品并提供相应资料；
____对所管辖的零售店进行产品宣传、入店培训、货品陈列、公关促销等工作；
____建立客户资料卡及客户档案，完成相关销售报表；
____参加公司召开的销售会议或组织培训；
____与客户建立良好关系，以维护企业形象。

任职资格：

教育背景：

◆市场营销或相关专业大专及以上学历。

培训经历：

◆接受过市场营销、产品知识等方面的培训。

经　　验：

◆1年以上销售经验。

技能技巧：

◆熟悉市场营销工作；
◆熟悉零售运作模式；
◆有地区销售网络和销售关系。

态　　度：

◆坦诚自信，乐观进取，具有高度的工作热情；
◆有良好的团队合作精神，有敬业精神；
◆具有独立的分析和解决问题的能力；
◆具有良好的沟通技巧和说服能力，能承受较大的工作压力。

工作条件：

工作场所：办公室及零售店。
环境状况：比较舒适。
危 险 性：基本无危险，无职业病危险。

注：“__”指每一项工作职责在职位承担者的总工作时间中所占的百分比。

直接下属________________　　间接下属________________
晋升方向________________　　轮转岗位________________

“销售助理”岗位说明书

职位名称	销售助理	职位代码		所属部门	销售部
职　　系		职等职级		直属上级	大区经理
薪金标准		填写日期		核 准 人	

职位概要：

协助大区经理完成销售部门日常事务工作。

工作内容：

____协助销售部经理和销售人员输入、维护、汇总销售数据；
____进行成本核算，提供商务报表及部门销售业绩的统计、查询、管理；
____依据统计整理的数据资料，向主管提交参考建议与方案，用于改善经营活动；
____整理公司订单，合同的执行并归档管理；
____协助公司做好售后服务工作；
____内部收支、往来账核对等账目处理；
____接待来访客户及综合协调日常行政事务。

任职资格：

教育背景：

◆市场营销或相关专业大专及以上学历。

培训经历：

◆接受过市场营销、财务知识、合同管理等方面的培训。

经　　验：

◆1年以上相关工作经验。

技能技巧：

◆对市场营销工作有较深刻了解；
◆了解统计软件的使用；
◆熟练操作办公软件和办公自动化设备。

态　　度：

◆坦诚、自信，具有高度的工作热情；
◆有良好的团队合作精神，有敬业精神；
◆具有较强的观察力和应变能力，具有良好的判断力和沟通能力。

工作条件：

工作场所：办公室。
环境状况：舒适。
危 险 性：基本无危险，无职业病危险。

注：“__”指每一项工作职责在职位承担者的总工作时间中所占的百分比。

直接下属____________________　　间接下属____________________
晋升方向____________________　　轮转岗位____________________

“生产工程师”岗位说明书

职位名称	生产工程师	职位代码		所属部门	生产部
职　　系		职等职级		直属上级	生产主管
薪金标准		填写日期		核 准 人	

职位概要：

解决与生产工艺、设备相关问题，以降低各种生产成本和费用。

工作内容：

____计划组织关于工艺、机器和维护方面的活动；
____审核设备的使用情况，并彻底检查所有设备及安装以确保符合生产要求；
____为与生产工艺有关的各种比较复杂和不寻常的问题提供解决方法；
____进行有关工厂布局、设备和工艺改进、降低费用的研究，并为管理层提供数据；
____培训所有维修人员正确地维护和操作已有的设备和新购设备。

任职资格：

教育背景：

◆电气、机械或工业工程专业本科及以上学历。

培训经历：

◆接受过生产作业管理、产品知识、项目管理、生产工艺、财务会计基本知识等方面的培训。

经　　验：

◆5年以上制造业或维修工程方面的经验。

技能技巧：

◆具有良好的机械和工艺知识；
◆熟练使用AutoCAD软件；
◆良好的英语读写水平。

态　　度：

◆认真负责、敬业，学习能力强；
◆有较强的责任心，能吃苦耐劳，具有团队精神。

工作条件：

工作场所：办公室以及生产场所。
环境状况：基本舒适。
危 险 性：基本无危险，无职业病危险。

注：“_”指每一项工作职责在职位承担者的总工作时间中所占的百分比。

直接下属____________　　间接下属____________
晋升方向____________　　轮转岗位____________

“生产调度员”岗位说明书

职位名称	生产调度员	职位代码		所属部门	生产部
职　　系		职等职级		直属上级	生产主管
薪金标准		填写日期		核 准 人	

职位概要：

协调生产过程、生产流程，保证生产活动正常运行。

工作内容：

____按进度计划安排流水线的工作进度；
____按程序变化或其他因素的变化调整生产计划；
____协助生产主管解决产品线冲突；
____协助制定操作规程。

任职资格：

教育背景：
◆工业工程或相关专业本科及以上学历。
培训经历：
◆接受过生产作业管理、产品知识等方面的培训。
经　　验：
◆2年以上工艺流程、生产协调相关工作经验。
技能技巧：
◆熟悉所在产业、行业的生产过程；
◆熟悉生产规程以及质量标准；
◆熟悉主进度设计及图表；
◆熟练使用办公软件。
态　　度：
◆具有敬业精神和拼搏精神，具有较好的团队合作精神；
◆具有良好的沟通能力、协调能力，能够承受高强度的工作压力。

工作条件：

工作场所：办公室及生产场所。
环境状况：比较舒适。
危 险 性：基本无危险，无职业病危险。

注：“__”指每一项工作职责在职位承担者的总工作时间中所占的百分比。

直接下属______________________　　间接下属______________________
晋升方向______________________　　轮转岗位______________________

“工业工程师”岗位说明书

职位名称	工业工程师	职位代码		所属部门	产品部
职　　系		职等职级		直属上级	生产主管
薪金标准		填写日期		核 准 人	

职位概要：

规划、改进生产方法和流程，以提高工作和生产效率。

工作内容：

____研究设计、改进生产方法和运营流程；
____设计与改进操作方法和现场布置；
____设计、改进工位器具等生产辅助手段；
____对工作定额、劳动定额进行分析测定，并进行改进；
____对物料、能源等消耗定额进行测定、改进，并进行成本控制。

任职资格：

教育背景：

◆工程或理工科相关专业本科及以上学历。

培训经历：

◆接受过生产作业管理、财务会计基本知识、项目管理、工艺流程与产品知识等方面的培训。

经　　验：

◆5年以上相关行业、相关工作经验，3年以上的管理经验。

技能技巧：

◆熟悉公司的工序、工艺流程设计及工作原理；
◆熟练掌握生产流程以及计划编制过程；
◆具备生产作业管理知识；
◆熟练使用办公软件。

态　　度：

◆认真负责、敬业，学习能力强；
◆有较强的责任心，能吃苦耐劳。

工作条件：

工作场所：办公室以及生产场所。
环境状况：基本舒适。
危 险 性：基本无危险，无职业病危险。

注：“__”指每一项工作职责在职位承担者的总工作时间中所占的百分比。

直接下属____________________　　间接下属____________________
晋升方向____________________　　轮转岗位____________________

“安全工程师”岗位说明书

职位名称	安全工程师	职位代码		所属部门	生产部
职　　系		职等职级		直属上级	生产主管
薪金标准		填写日期		核 准 人	

职位概要：

开发推广安全生产技术，实施安全检测检验、专业性安全教育，以实现安全生产。

工作内容：

____研究、设计、推广承压设备、起重设备等特种设备的安全工程科学技术，对特种设备进行安全生产运行控制和检测检验，完成评估认证；对特种设备事故进行调查分析与预测预防，制定特种设备安全技术标准等技术文件；

____研究劳动安全、劳动卫生、特种设备安全性能的检测检验方法和技术，研发、定标、安装调试、运行控制、维护、修理安全检测检验仪器设备，研制、开发劳动安全防护用品，制定安全检测检验技术标准等技术文件；

____规划设计安全工程，研究制定安全工程监督监察、综合性技术标准等技术文件，进行事故危害预测预防并提出建议，进行事故调查分析与安全综合评估；

____组织安全检查、安全教育、与安全相关的技术培训。

任职资格：

教育背景：

◆工业安全相关专业大专及以上学历。

经　　验：

◆5年以上相关工作经验。

技能技巧：

◆熟悉安全生产相关法规；

◆熟练操作办公软件。

态　　度：

◆具有良好的团队精神和较强的协调能力；

◆具有良好的组织管理能力、学习能力；

◆工作积极主动，吃苦耐劳。

工作条件：

工作场所：办公室及生产现场。

环境状况：基本舒适。

危 险 性：基本无危险，无职业病危险。

注：“_”指每一项工作职责在职位承担者的总工作时间中所占的百分比。

直接下属________________　　间接下属________________

晋升方向________________　　轮转岗位________________

“质量工程师”岗位说明书

职位名称	质量工程师	职位代码		所属部门	产品部
职　　系		职等职级		直属上级	质量控制主管
薪金标准		填写日期		核 准 人	

职位概要：

建立、改进并运行质量管理体系，规划实施质量管理方案，实现对产品、工艺的质量控制目标。

工作内容：

____建立、维护并持续改善质量管理体系（如ISO9000/TL9000/TS16949），并确保其有效运行；
____推进业务流程标准化；
____定义规划公司的质量管理方案，并有计划地推进、实施；
____参与产品设计、工艺流程的审核工作，以确保其符合品质保证的要求和质量；
____配合技术部门进行新产品试制及质量控制；
____分析最终产品及过程产品失效的原因，并提出改进方案；
____管理与维护内部使用的监视和测量装置。

任职资格：

教育背景：

◆行业/产品相关专业本科及以上学历。

培训经历：

◆接受过项目管理、质量管理方面的培训。

经　　验：

◆3年以上质量管理工作经验。

技能技巧：

◆熟悉ISO质量管理体系，丰富的现场品质管理经验；
◆熟悉品质管理手法；
◆能够编制质量管理系统文件；
◆有质量管理体系建设经验。

态　　度：

◆具有灵活应变的处事能力，有较强的说服、教育、组织能力；
◆踏实勤恳，执着敬业，具有团队精神。

工作条件：

工作场所：办公室及生产场所。
环境状况：基本舒适。
危 险 性：基本无危险，无职业病危险。

注：“_”指每一项工作职责在职位承担者的总工作时间中所占的百分比。

直接下属________________　　间接下属________________
晋升方向________________　　轮转岗位________________

“质检员”岗位说明书

职位名称	质检员	职位代码		所属部门	生产部
职　　系		职等职级		直属上级	质量控制主管
薪金标准		填写日期		核 准 人	

职位概要：

完成日常质量检验、质量监控及结果上报工作。

工作内容：

____参与维护、监督质量体系的运行、组织和管理内部质量审核工作；

____根据质量主管的检验计划完成当日工作任务；

____按照作业指导书及相应流程对待检备件进行检验、清理，检验前和检验中认真核对物料编码、名称，填写检验记录，并提交质量控制主管；

____汇总、存档各项质检记录及相关资料；

____监控项目现场质检工作的具体实施，包括人员组织、技术实施、质量、进度、安全、成品保护等；

____及时上报批量质量问题；

____协助质量控制主管完成其他质量管理体系方面的工作。

任职资格：

教育背景：

◆理工科专业专科及以上学历。

培训经历：

◆接受过生产管理、品质管理、产品知识等方面的培训。

经　　验：

◆2年以上生产现场与品质管理经验。

技能技巧：

◆熟悉公司的工艺工序、工作原理；

◆熟练掌握公司产品及生产工艺技术应用方面的知识；

◆熟悉国际质量管理体系专业知识。

态　　度：

◆诚实、敬业、工作积极主动，有较强的责任心；

◆能吃苦耐劳，具有团队精神。

工作条件：

工作场所：办公室以及生产场所。

环境状况：基本舒适。

危 险 性：基本无危险，无职业病危险。

注：“__”指每一项工作职责在职位承担者的总工作时间中所占的百分比。

直接下属______________________　　间接下属______________________

晋升方向______________________　　轮转岗位______________________

“产品开发工程师”岗位说明书

职位名称	产品开发工程师	职位代码		所属部门	技术部
职　　系		职等职级		直属上级	研发主管
薪金标准		填写日期		核 准 人	

职位概要：

组织研制、设计、开发新产品及更新换代产品，提供技术支持。

工作内容：

____领导本部门实施产品开发、研制工作，制订开发计划；
____执行方案，并进行产品鉴定，生产转化，技术规范制定工作；
____积极关注行业发展动态，积累研发素材；
____总结产品研发经验，持续改进产品性能；
____主持产品技术转化和制造技术交底工作；
____为产品的投标提供技术支持；
____为代理商与合作伙伴的产品提供技术支持；
____根据用户或公司其他部门的要求进行设计修改和设计改进。

任职资格：

教育背景：
◆理工科专业本科及以上学历。
培训经历：
◆接受过研发管理、项目管理等方面的培训。
经　　验：
◆5年以上相关产品研发经验。
技能技巧：
◆熟悉公司产品生产的工艺工序、工作原理；
◆熟练掌握公司产品及生产工艺技术应用方面的知识；
◆掌握AutoCAD、Office等相关计算机软件；
◆较强的英语阅读能力。
态　　度：
◆工作认真主动，态度积极，有较强的责任心，善于沟通；
◆能吃苦耐劳，能承受较大工作压力，有良好的团队精神和协调能力。

工作条件：

工作场所：办公室以及生产场所。
环境状况：基本舒适。
危 险 性：基本无危险，无职业病危险。

注：“_”指每一项工作职责在职位承担者的总工作时间中所占的百分比。

直接下属____________________　　间接下属____________________
晋升方向____________________　　轮转岗位____________________

“采购工程师”岗位说明书

职位名称	采购工程师	职位代码		所属部门	物流中心
职　　系		职等职级		直属上级	采购经理
薪金标准		填写日期		核 准 人	

职位概要：

完成采购招投标工作，搜集采购物资有关信息，为上级采购决策提供依据。

工作内容：

____主持采购招投标，为开发项目采购重要物资；
____按照组织的要求，规范、考察、管理供应商；
____实时掌控市场价格、技术信息，不断为公司推荐新产品、新技术；
____收集已使用产品的性能和质量信息，进行改进；
____协助采购经理进行日常行政管理工作，汇编采购统计资料，撰写采购报告。

任职资格：

教育背景：
◆材料或相关专业本科及以上学历。
培训经历：
◆接受过生产作业管理、项目管理、招投标等方面的培训。
经　　验：
◆3年以上物资采购工作经验。
技能技巧：
◆熟悉物资采购招投标程序；
◆熟悉企业产品所需设备材料，具备评价分析的专业知识和能力；
◆熟练操作办公软件；
◆英语水平良好。
态　　度：
◆积极进取，责任心强；
◆人际沟通、协调能力强；
◆具有高度的工作热情，良好的团队合作精神。

工作条件：

工作场所：办公室及生产场所。
环境状况：基本舒适。
危 险 性：基本无危险，无职业病危险。

注：“__”指每一项工作职责在职位承担者的总工作时间中所占的百分比。

直接下属____________________　　间接下属____________________
晋升方向____________________　　轮转岗位____________________

“采购专员”岗位说明书

职位名称	采购专员	职位代码		所属部门	物流中心
职　　系		职等职级		直属上级	采购经理
薪金标准		填写日期		核 准 人	

职位概要：

执行单项采购计划，编写采购活动分析总结报告。

工作内容：

____搜集、分析、汇总及考察评估供应商信息；
____编制单项材料采购计划并实施采购；
____签订和送审小额采购合同；
____协助采购经理处理日常进出口业务，完成采购订单的制作，确认、安排发货及跟踪到货日期；
____制作货物入库相关单据，积极配合库房保质保量完成采购货物的入库；
____编写单项采购活动的分析总结报告；
____完成上级交办的其他工作。

任职资格：

教育背景：

◆市场营销相关专业大专及以上学历。

培训经历：

◆接受过物流管理、生产作业管理、市场营销等方面的培训。

经　　验：

◆2年以上采购相关工作经验。

技能技巧：

◆具有良好的中英文沟通、表达能力；
◆对行业状况比较了解；
◆熟练使用计算机。

态　　度：

◆积极进取，责任心强；
◆有很强的自我约束力，独立工作和承受压力的能力；
◆有高度的工作热情，良好的团队合作精神。

工作条件：

工作场所：办公室，出差。
环境状况：基本舒适。
危 险 性：基本无危险，无职业病危险。

注：“_”指每一项工作职责在职位承担者的总工作时间中所占的百分比。

直接下属____________　　间接下属____________
晋升方向____________　　轮转岗位____________

“人力资源助理”岗位说明书

职位名称	人力资源助理	职位代码		所属部门	人力资源部
职　　系		职等职级		直属上级	人力资源经理
薪金标准		填写日期		核 准 人	

职位概要：

执行人力资源日常性事务工作，辅助人力资源经理完成人力资源目标。

工作内容：

____协助上级执行公司的培训和绩效评价的组织、后勤保障工作，包括收集审核各类表格、表单；

____协助做好招聘与任用的具体事务性工作，包括发放招聘启事、收集和汇总应聘资料、安排面试人员、跟踪落实面试人员的情况等；

____协助计算员工薪资、福利，参与薪酬与福利调查；

____管理员工信息资料及各类人事资料；

____办理人事招聘、人才引进、内部调动、解聘、退休、接纳和转移保险、公积金缴纳的相关手续；

____办理各类职称评定；

____办理劳动年检；

____执行各项公司规章制度，处理员工奖惩事宜。

任职资格：

教育背景：

◆人力资源、劳动经济、心理学、管理学等相关专业本科及以上学历。

培训经历：

◆接受过现代人力资源管理技术、劳动法律法规等方面的培训。

经　　验：

◆2年以上人力资源管理工作经验。

技能技巧：

◆熟悉国家相关法律法规；

◆熟悉人力资源管理各项实务的操作流程；

◆人力资源管理理论基础扎实；

◆熟练使用相关办公软件。

态　　度：

◆办事沉稳、细致，思维活跃，有创新精神，有良好的团队合作意识；

◆具有较强的学习能力和责任心，能自我激励，具备较强的独立处理事务的能力。

工作条件：

工作场所：办公室。

环境状况：舒适。

危 险 性：基本无危险，无职业病危险。

注：“__”指每一项工作职责在职位承担者的总工作时间中所占的百分比。

直接下属____________________　　间接下属____________________

晋升方向____________________　　轮转岗位____________________

“总经理秘书”岗位说明书

职位名称	总经理秘书	职位代码		所属部门	行政部
职　　系		职等职级		直属上级	行政经理
薪金标准		填写日期		核 准 人	

职位概要：

协助总经理完成日常事务性工作。

工作内容：

____起草公司年度工作总结及总经理讲话稿；
____起草公司股东会和董事会的会议材料；
____做好公司重要会议的记录及会议纪要的整理；
____起草、打印、登记和存档总经理签发文件；
____协助行政部经理做好公司来宾的接待工作；
____接听电话、妥当应答，如有必要，做好电话记录；
____掌握总经理的日程安排，为总经理接见访客做好预约工作；
____收发传真，并及时交给总经理处理；
____完成总经理或行政经理交办的其他工作。

任职资格：

教育背景：

◆多种专业背景本科及以上学历。

培训经历：

◆接受过管理学、管理技能开发、公共关系、财务管理、文书写作、档案管理方面的培训。

经　　验：

◆2年以上高级秘书工作经验。

技能技巧：

◆熟悉公司文档管理；
◆良好的中英文写作、口语、阅读能力；
◆熟练使用办公软件及办公自动化设备。

态　　度：

◆具有良好的组织沟通协调能力；
◆工作细致认真，谨慎细心，条理性强；
◆责任心强，勇于承担挑战性的工作；
◆具有开拓精神和团队精神。

工作条件：

工作场所：办公室。
环境状况：舒适。
危 险 性：基本无危险，无职业病危险。

注：“_”指每一项工作职责在职位承担者的总工作时间中所占的百分比。

直接下属____________________　　间接下属____________________
晋升方向____________________　　轮转岗位____________________

“秘书/前台”岗位说明书

职位名称	秘书/前台	职位代码		所属部门	行政部
职　　系		职等职级		直属上级	行政经理
薪金标准		填写日期		核 准 人	

职位概要：

安排会谈、为电话咨询者提供信息、收发日常邮件，进行文档管理，为其他行政和业务方面的工作提供行政支持。

工作内容：

____接听电话，向电话咨询者提供信息，记录留言，转接电话；
____收发与回复日常邮件；
____撰写会议通知、会议纪要、日常信件和工作报告；
____安排会谈、会务；
____将信件及其他记录归档；
____备份信件及其他文档；
____安排商务旅行，做好预订工作；
____接待访客；
____采购、分发和控制办公用品；
____分发钱款，进行简单的账务管理。

任职资格：

教育背景：
◆秘书、中文等相关专业大专及以上学历。
培训经历：
◆接受过文书写作、档案管理、财务会计基本知识等方面的培训。
经　　验：
◆1年以上工作经验。
技能技巧：
◆熟练使用操作办公自动化设备，包括计算机、打印机、传真机、复印机等；
◆有良好的文字表达能力，有一定英语基础，具备较强的听说能力。
态　　度：
◆认真负责，积极主动执行交办的工作；
◆工作效率高，条理性强，有团队合作精神；
◆保密意识强。

工作条件：

工作场所：办公室。
环境状况：舒适。
危 险 性：基本无危险，无职业病危险。

注：“__”指每一项工作职责在职位承担者的总工作时间中所占的百分比。

直接下属______________________　　间接下属______________________
晋升方向______________________　　轮转岗位______________________

后记
经营靠理念，赚钱靠管理

经营的目标是盈利，由于外部经营环境的不确定性，企业需要选择适合的技术路线、市场策略、价格策略和商业模式。

管理的目标则是提高效率，在面对企业内部的人、事、物、料时，更多的是采用适当的方法和制定合理的制度。

经营者的使命是持续赚钱，管理者的使命是稳定赚钱。

经营是对外创造可能，管理是对内扼杀风险。

经营者要从细微的市场变化中发现机会，创造商机；管理者则要防微杜渐，在错误刚露出苗头的时候就加以制止。

一个优秀的老板必须同时具备经营和管理的能力。

很多老板都是业务出身，所以脑袋里只想着销售，很少关注企业内部管理，结果留不住员工，把自己搞得也很疲惫。这种老板就是经营有余，管理不足。

有些老板从不考虑如何增加客户量、提升销售额，就只想着如何让员工听话、少拿钱。这类老板就是管理过度，经营无力。

有些老板除了知道每年公司做了多少营业额之外，对其他各项经营指标一无所知，对于财务指标更是一头雾水。这类老板做企业决策缺乏数据支撑，往往都是拍脑袋做决定。

如果把企业画成一个三角形，那么顶部就是老板，左下角是员工，右下角是客户。身为老板，要想把企业做大，也就是把三角形变大，就必须想办法把三角形的三条边都变长才可以。

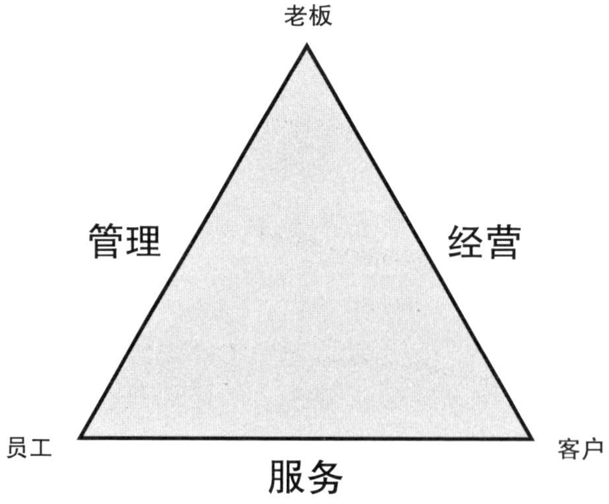

黄金三角

三角形左侧这条边代表管理，老板要想办法让员工持续不断地跟随企业向前走；三角形右侧这条边代表经营，老板要想办法让客户持续不断地跟随企业向前走；三角形下方这条边代表服务，打造自动化流程体系，提升客户满意度。

经营关注结果，讲究的是效益，重点指标是本、量、利。

本是企业付出的成本；量是企业取得的营业额；利是企业赚取的利润。

作为老板，必须把这三个指标算清楚，才能实现企业的基业长青。

管理关注过程，讲究的是效率，重点指标是责、权、利。

责是员工需要承担的责任；权是员工在岗位上的权力；利是企业分给员工的利益。

作为老板，必须把这三个指标协调好，才能人尽其才、物尽其用。

经营的目的是为了更好地留住客户的心，管理的目的是为了更好地留住员工的心。

之所以写《管与理》这本书，是因为看到太多的创业者因为不懂经营和管理，奋斗多年仍迷茫无助。所以我想把这么多年从事企业管理研究和自己经营企业的经验，通过文字分享给更多的中小企业老板，帮助他们少走弯路，助力企业的发展。让我们一起突破企业的发展瓶颈，解决企业经营管理的难题。

苏引华

2022年1月1日